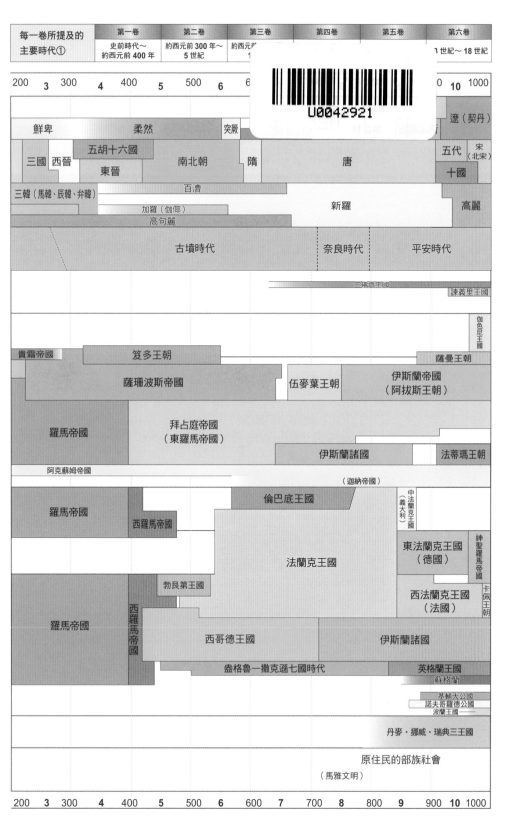

每一卷所提及的 主要時代①	第一卷 史前時代～ 約西元前 400 年	第二卷 約西元前 300 年～ 5 世紀	第三卷 約西元前 1	第四卷	第五卷	第六卷 3 世紀～18 世紀

| 200 | **3** | 300 | **4** | 400 | **5** | 500 | **6** | 6 | | | **10** | 1000 |

U0042921

鮮卑　　　柔然　　　突厥　　　　　　　　　　　遼（契丹）

三國　西晉　五胡十六國　　　南北朝　　隋　　　唐　　　五代　宋（北宋）
　　　　　　東晉　　　　　　　　　　　　　　　　　　十國

三韓（馬韓、辰韓、弁韓）　　百濟　　　　　　　　　　新羅　　　　高麗
　　　　　加羅（伽倻）
　　　　　　高句麗

古墳時代　　　奈良時代　　平安時代

三佛齊王國

諫義里王國

伽色尼王國

貴霜帝國　　笈多王朝　　　　　　　　薩曼王朝

薩珊波斯帝國　　　伍麥葉王朝　　伊斯蘭帝國（阿拔斯王朝）

羅馬帝國　　拜占庭帝國（東羅馬帝國）

伊斯蘭諸國　　法蒂瑪王朝

阿克蘇姆帝國　　　　　　　　　　（迦納帝國）

羅馬帝國　　倫巴底王國

西羅馬帝國

中法蘭克王國（義大利）

東法蘭克王國（德國）

神聖羅馬帝國

法蘭克王國

勃艮第王國

西法蘭克王國（法國）

卡佩王朝

羅馬帝國　西羅馬帝國　西哥德王國　　伊斯蘭諸國

盎格魯－撒克遜七國時代　　英格蘭王國

蘇格蘭

基輔大公國
諾夫哥羅德公國
波蘭王國

丹麥・挪威・瑞典三王國

原住民的部族社會

（馬雅文明）

| 200 | **3** | 300 | **4** | 400 | **5** | 500 | **6** | 600 | **7** | 700 | **8** | 800 | **9** | 900 | **10** | 1000 |

第 **10** 卷提供協助的諸先進

監修
早稻田大學文學學術院 教授
早稻田大學埃及研究所 所長
近藤二郎

漫畫
時任 奏

原作
南房秀久

裝訂、內文設計
修水

解說插畫
Plough21

提供照片、資料及協助（全系列）
山田智基・PPS通信社／amanaimages／時事通信社／時事通信PHOTO／
每日新聞社／AFP／EPA／Bridgeman Images／C.P.C.Photo／學研資料課

主要參考資料等
世界歷史（中央公論新社）／圖像版 世界歷史（白揚社）／圖說 世界歷史
（創元社）／詳說 世界史研究／世界史用語集／世界史人名辭典／詳說 世
界史圖錄（以上為山川出版社）／PUTZGER歷史地圖（帝國書院）／角川
世界史辭典（角川書店）／世界史年表・地圖（吉川弘文館）／評傳 北一輝
（中央公論新社） 其他不及備載

編輯協助
MERU PLANNING／SIDE RANCH

協助
井生 明／山上至人

解說編輯協助及設計
Plough21

校閱・校正
眾珍社

編輯人員（學研PLUS）
小泉隆義／高橋敏廣／渡邊雅典／牧野嘉文

:: 監修
早稻田大學文學學術院 教授
早稻田大學埃及學研究所 所長
近藤二郎

:: 漫畫
時任 奏

:: 原作
南房秀久

:: 翻譯
許郁文

:: 審訂
成功大學歷史學系 專任教授
翁嘉聲

全彩漫畫

NEW

世界歷史

World History

10

第一次世界大戰與
俄國大革命

目次

本書注意事項

1. 「時代總結」中的各符號代表意義：血→世界遺產、📖→重要詞句、👤→重要人物、🗿→美術品、遺跡。

2. 「時代總結」中的重要詞句以粗體字標示，附解說的重要詞句以藍色粗體字標示。

3. 同一語詞若出現在兩處以上，將依需要標注參考頁碼。

4. 年代皆為西元年。西元前有時僅標記為「前」。11世紀以後的年代除了第一次出現外，有時會以末尾兩位數標示。

5. 人物除了生卒年之外，若是王、皇帝或總統，會標記在位（在任）期間，標記方式為「在位或在任期間○○～○○」。

6. 國家或地區名稱略語整理如下：

英：英國／法：法國／德：德國／義：義大利／西：西班牙／奧：奧地利／荷：荷蘭
普：普魯士／俄：俄羅斯／蘇：蘇聯／美：美利堅合眾國／加：加拿大／土：土耳其
澳：澳洲／印：印度／中：中國／韓：韓國（大韓民國）／朝：朝鮮／日：日本／歐：歐洲

給家長的話

本書中的漫畫部分雖盡量忠於史實，但有些對話、服裝與背景已無佐證資料，因此在編劇與描繪上以吸引孩子的興趣為主要考量。漫畫中提及的典故、年號或名稱經常有不同說法，本書盡可能採用一般人較熟悉的說法。若有艱澀難懂的詞句，會在欄外加入解說。值得注意的是，有些詞句或表現方式在現代人眼中帶有歧視意味，但為了正確傳達當時社會狀況，將依情況需要予以保留。

1 帝國主義與第一次世界大戰

西元20世紀初的一聲槍響，扣下第一次世界大戰的扳機，人類展開前所未見的全面戰爭。

BALKAN TROUBLES

當時巴爾幹半島被稱為「歐洲火藥庫」。各民族彼此對立，歐洲列強的利害關係既衝突又複雜。

西元1914年6月28日
塞拉耶佛*1

*1 塞拉耶佛：波士尼亞的城市。波士尼亞有許多斯拉夫裔居民，但西元1908年被奧匈帝國吞併。
*2 法蘭茲·斐迪南大公（西元1863～1914年）：奧地利皇帝法蘭茲·約瑟夫一世的姪子，也是奧地利皇位的繼承者。
*3 蘇菲（西元1868～1914年）：蘇菲·霍泰克。法蘭茲·斐迪南大公的夫人。

4

哇！

哇！

法蘭茲·
斐迪南大公*2

蘇菲*3

奧地利皇帝法蘭茲·約瑟夫
一世*4身邊充滿死亡威脅。

他的弟弟馬西米連諾*5身為墨西
哥第一代皇帝，被革命軍槍殺。

皇太子魯道夫*6和戀人被人發
現陳屍在一起，死因不明。

*7 茜茜：奧地利皇后伊莉莎白（西元1837～98年）的暱稱。當時是宮廷第一美女，但因兒子魯道夫的死只穿喪服。

國民暱稱「茜茜*7」的伊莉莎白皇
后，西元1898年被義大利的無政
府主義者暗殺。

*6 魯道夫（西元1858～89年）：法蘭茲·約瑟夫一世的兒子，奧地利皇位的繼承者，三十歲時與戀人死於非命。

法蘭茲・約瑟夫一世任命姪子法蘭茲・斐迪南為皇太子，

但法蘭茲・斐迪南大公與夫人在奧地利統治的波士尼亞首都塞拉耶佛巡視駐軍時，

被塞爾維亞的青年普林濟普暗殺*1。

事故發生在大公夫婦前往探視因為炸彈而負傷的同行者途中，

青年也朝蘇菲腹部開了一槍，

即使她的肚子裡已經懷有新生命。

這一天，準備刺殺法蘭茲・斐迪南大公的刺客共有六人。其中一人往汽車投擲炸彈失敗，普林濟普放棄暗殺後，走到餐廳卻偶遇大公夫婦乘坐的汽車而暗殺成功。普林濟普是十九歲的波士尼亞裔塞爾維亞人，也是塞爾維亞祕密組織「黑手黨」的成員。

啐

啐

啊

啊

啊

啊

喀

喀

嗖

當時，塞爾維亞與奧地利正因為巴爾幹半島而水火不容，法蘭茲‧約瑟夫一世因暗殺事件向塞爾維亞下達最後通牒。

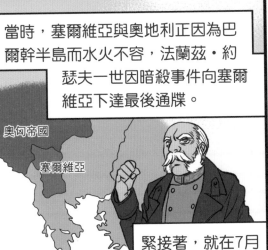

奧匈帝國

塞爾維亞

緊接著，就在7月28日宣戰。

在奧地利背後撐腰的是德國，

威廉二世*2

尼古拉二世*3

袒護塞爾維亞的是俄羅斯帝國。

西元1890年之前，德國因為宰相俾斯麥*4徹底封鎖法國的外交政策而維持著和平，

但決心親政*5的第三代皇帝威廉二世，逼迫眼中釘俾斯麥下臺後，打出「世界政策*6」的口號。

*5 親政：君主親自主政，或是由君主主政的政治。

被威廉二世單方面拒絕更新條約*7的俄國轉而與法國聯手，法國又與英國結盟，英國再與俄國合作，形成所謂的三國協約。

奧地利宣戰後，這三個國家陸續宣布加入塞爾維亞陣營。

*3 尼古拉二世（西元1868～1918年）：俄羅斯帝國羅曼諾夫王朝最後一位皇帝。推動軍備擴張政策，被譽為「鐵血宰相」。

*4 俾斯麥（西元1815～98年）：全名為奧托‧愛德華‧李奧波德‧馮‧俾斯麥。普魯士首相，德意志帝國首任宰相。

*6 世界政策：奉行帝國主義的列強，積極推動的外交和領土擴大政策。
*7 條約：西元1887年俄羅斯與德國之間簽訂的再保條約。目的是孤立法國的祕密條約。

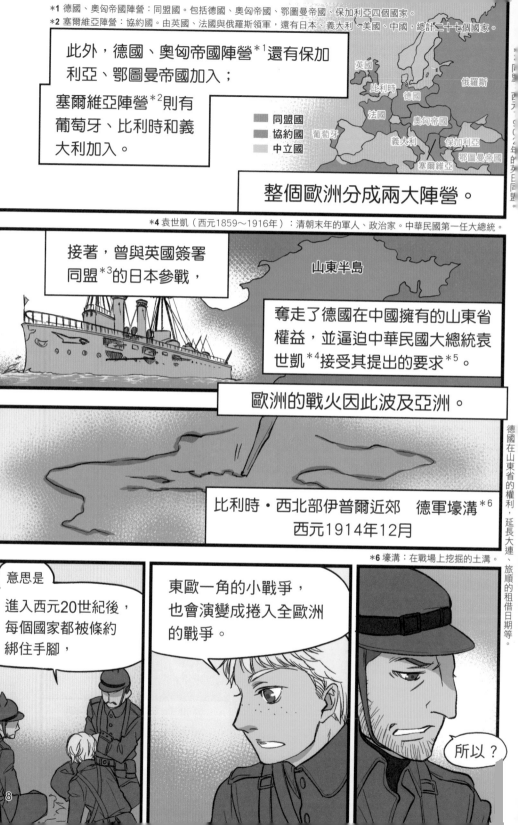

*1 德國、奧匈帝國陣營：同盟國。包括德國、奧匈帝國、鄂圖曼帝國、加保加利亞四個國家。
*2 塞爾維亞陣營：協約國。由英國、法國與俄羅斯領軍，還有日本、義大利、美國、中國，總計三十七個國家。

此外，德國、奧匈帝國陣營[1]還有保加利亞、鄂圖曼帝國加入；

塞爾維亞陣營[2]則有葡萄牙、比利時和義大利加入。

■ 同盟國
■ 協約國
□ 中立國

英國
俄羅斯
比利時
德國
法國
奧匈帝國
葡萄牙
義大利
保加利亞
鄂圖曼帝國
塞爾維亞

整個歐洲分成兩大陣營。

*4 袁世凱（西元1859～1916年）：清朝末年的軍人、政治家。中華民國第一任大總統。

接著，曾與英國簽署同盟[3]的日本參戰，

山東半島

奪走了德國在中國擁有的山東省權益，並逼迫中華民國大總統袁世凱[4]接受其提出的要求[5]。

歐洲的戰火因此波及亞洲。

比利時・西北部伊普爾近郊　德軍壕溝[6]
西元1914年12月

*6 壕溝：在戰場上挖掘的土溝。

意思是

進入西元20世紀後，每個國家都被條約綁住手腳，

東歐一角的小戰爭，也會演變成捲入全歐洲的戰爭。

所以？

*8 毛奇（西元1848～1916年）：小毛奇。德國軍人。負責修正與執行施里芬計畫。有人認為這是德軍敗北的原因。

聽到了嗎?

是聖誕歌嗎?

是英文!
敵人也在唱聖誕歌。

……明明是
聖誕節,

我們怎麼可以
互相殘殺。

我們也來唱!
可不能唱輸他們!

喂！快回來！

沒被射中……

看吧！
對方不會開槍的！

西部戰線北起比利時北海岸，經過法國東部，最後到達瑞士國境，這裡的超長壕溝南北共645公里。進攻的德國陣營在方便躲藏與攻擊敵人的地方挖了壕溝，許多壕溝的構造非常精巧。另一方，採取守勢的協約國壕溝則較為簡單，因為他們深信總有一天會奪回被占領的土地。

比利時西北部
伊普爾

這場大戰也是新武器陸續
投入戰場的戰爭。

最初，萊特兄弟發明
的飛機只用於偵察，

後來轉變成朝壕溝投擲炸彈的
轟炸機，之後又演變成在空中
纏鬥的戰鬥機。

德國的大型飛船能越過海洋，
在英國本土投擲炸彈。

海上除了戰艦之外，

*1 U艇：或稱U型潛艇，德國海軍的潛水艇，皆以「Untersee-boot（潛水艇）」第一個字母U和數字命名（見33頁）。　*2 不斷襲擊運補船與商船：指德國施行的「無限制潛艇戰」（見33頁）。

稱為「U艇*1」的潛水艇出現，不斷襲擊運補船和商船*2。

西元1915年4月22日，比利時伊普爾一帶，德軍以將近六千支高壓鋼瓶施放氯氣，被攻擊的法國士兵無不陷入恐慌；西元1917年，德軍則使用芥子毒氣。在第一次世界大戰中，雙方陣營都使用了大量的化學武器，據說造成九萬人死亡，一百萬人受傷。

陸地上則出現

火焰發射器或具有毒氣的化學武器。

無數士兵因此喪命。

英軍壕溝

西元1916年6月28日

第一次世界大戰時，英軍發明了壕溝大衣（Trench coat），非常適合在冰天雪地作戰的時候穿，兼具防水與防寒的功能。原文Trench就是壕溝的意思。

小知識

這是常見的「壕溝腳」吧？

腳趾頭都沒什麼感覺了。

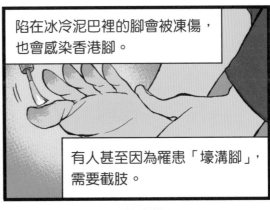

陷在冰冷泥巴裡的腳會被凍傷，也會感染香港腳。

有人甚至因為罹患「壕溝腳」，需要截肢。

這是新兵，交給你了。

17

基奇納*1伯爵招募的新兵*2嗎？

開戰時，陸軍大臣基奇納就開始招募新兵，

呵呵

海報上打著「國軍需要你」的口號在國內四處散發，許多志願兵因此加入軍隊。

"WANTS YOU

他們不同於正規軍，穿著不一樣的制服，被稱為新兵。

此外，還動員印度、澳洲、加拿大、非洲等殖民地或自治殖民地的士兵*3。

*3 從殖民地與自治殖民地徵召士兵。英國從殖民地印度徵召士兵，法國也從印度支那（例如越南）或非洲殖民地大量徵召士兵。

許多女性也貢獻一己之力。

有的成為護理師，有的擔任運補卡車司機，

俄羅斯甚至有女性士兵上戰場，與德軍一決雌雄。

*1 基奇納（西元1850～1916年）：霍雷肖・赫伯特・基奇納。英國陸軍軍人。
*2 新兵：響應基奇納招募的志願軍。這是相對於職業軍人的稱呼。據說募集而來的志願兵多達五百萬人。

18

19

醫護兵！

壕溝戰此起彼落的炮擊像是永無止盡的死亡之聲，許多人因為緊張而罹患了精神疾病。

啪

這種心理疾病稱為「炮彈休克症」，類似現代所說的「創傷後壓力症候群*1（PTSD）」。

*1 創傷後壓力症候群：因為創傷過於嚴重，即使經過一段時間，仍然感到強烈恐懼的症狀。

嘶！...

又需要另一名新兵了。

害怕嗎？

這種場面……

我叫馬可。約翰·馬可。

嗄

我不會記名字。

我一點也不害怕。我是為了自由而戰，所以才志願從軍。

聽你的說話方式，

反正過不了多久你就會死，不然就是發瘋。

不會是富家少爺吧？

*2 伊頓公學：位於倫敦西郊、住宿制的私立男子名校。

伊頓公學是私立貴族學校*3。

我畢業於伊頓公學*2。

私立貴族學校的畢業生會進入牛津或劍橋等名門大學，成為英國的菁英。

我念公立學校而已……

公立學校則是實施義務教育，讓一般市民擁有基本閱讀能力的學校。

小知識

戰場上的切身恐懼讓許多士兵出現壓力反應。一般認為是因為炮彈爆炸所引起，所以這種壓力反應稱為「炮彈休克症」。第一次世界大戰之前沒出現過這種症狀，一開始還被以為是裝病。戰爭結束後，才有人研究戰場壓力反應。

小知識

開戰後使用的通訊方式為電話與電報，實際作戰時還強化了兩種通訊方式的安全性。此外，無線通訊出現長足進步，因此西元1920年代得以出現廣播。另一方面，通訊彈（將裝有通訊文的炮彈射給前線部隊）、傳信鴿、軍用犬都是戰時的通訊方式之一

戰場講的是經驗。
不管你從哪裡畢業，
都得服從本大爺的命令。

遵命。

而且我也還沒畢業。

其實我還差兩歲才能從軍，還好編個理由混過去了。

不用三天你就會後悔的。

中士。

司令部發出命令，明天的攻擊延至7月1日。

全是這鬼天氣害的吧！

更糟的是，時間是七點。

22

晚上？

早上。

這是哪個大笨蛋說的傻話！

好像是法軍吧！

之前不是說過，要精準地發炮攻擊，就得等天亮。

他們應該知道負責突擊的我們會完全曝露在敵人面前！

而且敵人在東邊布陣，太陽就在他們背後，我們這裡根本看不清楚！

23

這已經是拍板定案的命令。

說的也是。

祝你幸運。

你也是。

從壕溝進攻是件非常危險的事。身著重裝，手上只有槍和手榴彈的士兵很容易成為槍靶。光是索姆河戰役的第一天，死在德軍機關槍槍口下的英軍士兵約有一萬九千名之多。

給我好好地保養槍枝，

能保護你的只有這傢伙了。

西元1916年7月1日
法國北部索姆河河畔
英軍壕溝

砰

砰砰

砰砰

25

英軍一出現在埋伏已久的德軍面前，立刻成為活靶。

快趴下！

回頭吧！

命令怎麼辦？

下命令的人已經死了。

這天，在索姆河地區死傷的英軍約有六萬人。

第一次世界大戰在歐洲爆發，席捲了全世界。德國在非洲、中國、東南亞的殖民地被協約國軍隊占領；英軍與印度軍隊侵略鄂圖曼帝國統治的伊拉克，之後，英軍又占領巴勒斯坦。以《阿拉伯的勞倫斯》聞名的勞倫斯，則掀起阿拉伯的獨立戰爭。

西元1917年11月20日
法國北部・康布雷

這裡是？

德軍的壕溝。

別說地點，現在是什麼時候我也不知道。

夏天、冬天，西元1916年或17年，還是已經1920年？

嗚嗚

嗚嗚

* 邱吉爾（西元1874～1965年）：溫斯頓・邱吉爾。英國軍人、政治家。曾擔任陸軍大臣與海軍大臣，後來成為首相。

28

29

戰車是溫斯頓·邱吉爾在擔任海軍大臣時研發的陸上軍艦,用來攻克壕溝的新武器。

那又怎麼樣?

人類是不會停止戰爭的。

碎

碎

我覺得我們這輩子都走不出這個壕溝。

所謂的和平,不過是準備下次開戰的緩衝期。

小知識

西元1916年9月,首次參戰的戰車「馬克1型」總重量達28噸,車上裝備了機關槍。一次可乘坐八人,必須有兩個人分坐在駕駛艙兩邊進行操作,但經常故障。西元1917年11月的康布雷戰役中,改良後的戰車(馬克4型)摧毀了敵方的防禦工事,展現了強大的作戰能力。

西元1917年3月8日，
爆發俄羅斯二月革命[1]，
羅曼諾夫王朝被推翻。

列寧

到了11月，列寧[2]一手催生出俄羅斯蘇
維埃聯邦社會主義共和國，與德國簽訂
《布列斯特-立陶夫斯克條約》[3]，俄國
便從戰線撤退。

*3《布列斯特-立陶夫斯克條約》：西元1918年俄羅斯與德國簽訂的和約（見83頁）。

原本保持中立的美國
於西元1917年參戰，

德國因為基爾軍港的海軍叛亂[4]，
引發德國革命而陷入一片混亂。

*4 西元1918年，在即將戰敗的情況下，還被命令出戰的德國海軍發起的叛亂。

鄂圖曼帝國、奧地
利相繼投降後，

西元1918年11月11日
德國放棄帝政，改為共
和體制，與協約國簽署
停戰協定。

這場在世界歷史上損失最
多人命的大戰，終於畫下
休止符。

＊
1
俄羅斯二月革命：在俄羅斯曆法2月爆發的革命（依據新曆又稱三月革命）。

＊
2
列寧（西元1870～1924年）：俄羅斯革命家（見63頁）。

美國在第一次世界大戰時原本保持中立，但是英國陣營希望美國參戰。

美國是移民國家，若與特定國家結盟，可能會引起不必要的內部紛爭，因此第一次世界大戰時，原本採取不干涉歐洲各國國內問題的外交政策（孤立主義）。

西元1914年8月4日，英國因德軍進攻比利時而參戰，

利用海軍進行海上封鎖*1，截斷運往德國的補給物資。

不過，

---

*1 海上封鎖：西元1914～19年之間，英國大艦隊與協約國一同策畫的作戰行動，目的在封鎖德國、奧匈帝國、鄂圖曼帝國等同盟國在海上的原料與糧食運送補給路線。這項作戰計畫又稱為「德國封鎖」。

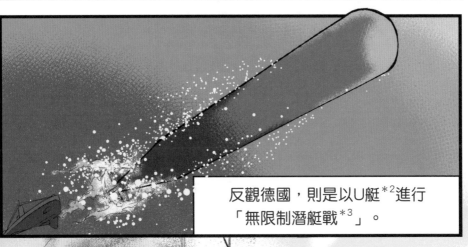

反觀德國，則是以U艇*² 進行
「無限制潛艇戰*³」。

無論是中立國船隻，或者貨船和客船，
都會在毫無事前警告下遭到攻擊。

*
2
U艇：德國海軍的潛水艇，皆以「Untersee-boot（潛水艇）」第一個字母U和數字命名（見16頁）。

*
3
無限制潛艇戰：只要進入交戰水域的船，都在沒有事前警告下成為無差別攻擊的對象（見16頁）。

西元1915年5月7日

美國・紐約

德國U艇擊沉了英國客船露西塔尼亞號，

遇難的船員和乘客共有1198人，其中有128名美國人。

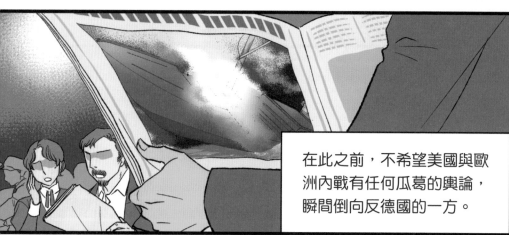

在此之前，不希望美國與歐洲內戰有任何瓜葛的輿論，瞬間倒向反德國的一方。

*1 白宮：美國總統執行公務的辦公處與官邸。

然而，美國政府僅提出抗議，德國也暫時中止這項作戰。

美國・華盛頓
白宮*1

*2 伍德羅・威爾遜（西元1856～1924年）：第二十八任美國總統（在任期間西元1913～21年）。極積推動成立國際聯盟。

露西塔尼亞號招攬乘客的報紙廣告下方，寫著來自德國大使館的警告：「航行至戰爭海域的船隻，將成為攻擊對象。」

35

小知識

自由女神像的頭冠和手中的火把設有瞭望臺。火把瞭望臺因為黑湯姆島大爆炸事件受損禁止進入，修復之後不再開放；頭冠瞭望臺則在西元2001年美國多起恐怖攻擊事件後暫時關閉，直到西元2009年才再度開放。

即使得犧牲我國年輕人的生命嗎？

他們的犧牲將是值得尊敬的。

西元1916年7月30日

紐約黑湯姆島上的倉庫發生大爆炸，

轟隆

布魯克林大橋嚴重傾斜，自由女神像也受損。

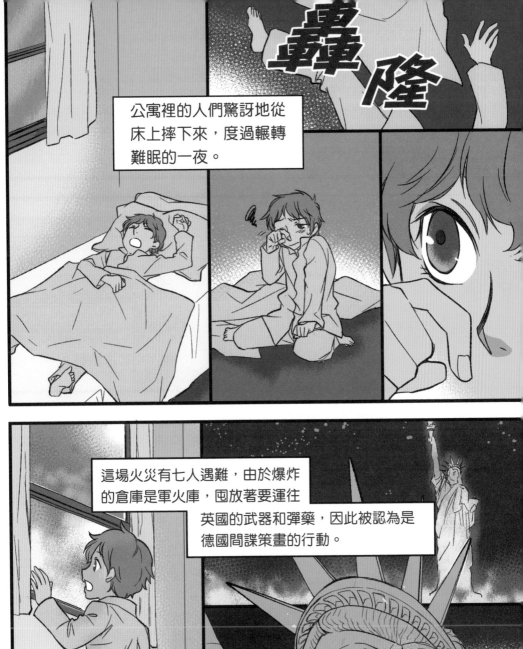

公寓裡的人們驚訝地從床上摔下來，度過輾轉難眠的一夜。

這場火災有七人遇難，由於爆炸的倉庫是軍火庫，囤放著要運往英國的武器和彈藥，因此被認為是德國間諜策畫的行動。

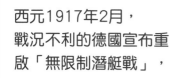

西元1917年2月，
戰況不利的德國宣布重
啟「無限制潛艇戰」，

美國商船接二連三
被U艇擊沉。

威爾遜終於決
定參戰。

西元1917年4月6日
美國宣布參戰。

不過，一年之後才正式
上戰場。

因為當時美國沒有足夠
的兵力，

政府於5月才開始
徵兵[1]。

緊接著，7月——

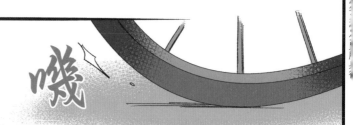

噻

有位年輕人進入了司法部。

他的名字是艾德格・胡佛[*2]。

在海報上呼籲「美國陸軍需要你」的山姆大叔，是美國擬人化之後的角色。山姆大叔頭上戴著銀色的星條旗帽子，打著紅色領結，身穿深藍色的西裝外套，這張海報的模特兒是海報畫家詹姆斯・蒙哥馬利・弗拉格自己。

當時在威爾遜底下的公共資訊委員會（CPI）展開一連串反德國的宣傳。

告訴國民美國參戰的理由。

*1 好萊塢：美國加州洛杉磯市的電影產業核心地區。

好萊塢*1
方面，

拍攝了將德國塑造成邪惡統治者的電影；

報紙、雜誌、廣告、海報不斷地煽動愛國精神。

而司法部根據西元1917年6月通過的「間諜法*2」逮捕可疑人物。

反德國行動讓德裔美國人陷入苦境，常因被懷疑是間諜而遭受暴行，或被迫買下大量國債，以表示對美國的忠誠。學校教育排除了德語課程，德語歌劇也禁演，漢堡甚至改稱為「自由的三明治」（漢堡的英文 hamburger 意思是對來自德國城市漢堡 hamburg 的人的稱呼）。

*2 間諜法：間諜活動法。禁止所有防礙軍事作戰，以及支援美國的敵人或是妨礙軍事徵用的行為。

然而，很多被逮捕的人並非德國間諜，有些是反戰人士或社會主義者，有些是想逃避徵兵的人。

之前，

進行反徵兵演講的尤金・德布斯*1依間諜法被逮捕。

德布斯曾是美國社會黨推舉的美國總統候選人。

*1 尤金・德布斯（西元1855～1926年）：舉辦反戰演講於西元1918年被捕。曾五次被推舉為美國總統候選人，與威爾遜一較高下。

德布斯原本是鐵路勞工（火車技師），一名從基層做起的工會運動家。曾被美國社會黨推舉為總統候選人，西元1920年從亞特蘭大監獄出馬競選總統，獲得3.4％的支持率。得票率達到6％。

西元1918年11月11日

德國與協約國簽訂停戰協議。

哈哈哈

隔年，帕爾默就任司法部長。

今後你就擔任我的特別輔佐官，為我效命吧！

非常榮幸。

威爾遜在西元1918年聯邦議會演講上發表《十四點和平原則》。演講開頭他提到：「追求征服與擴大勢力的時代已經結束，透過祕密外交讓特定政府獲利，使世界不和平的時代也告終了。」

不過，你怎麼看待總統的《十四點和平原則》*2 呢？

這？

*2《十四點和平原則》：西元1918年1月8日，由威爾遜發表的和平原則，成為日後德國投降的契機。

威爾遜的《十四點和平原則》如下：

1 廢止祕密外交
2 尊重航海自由
3 撤除各國關稅壁壘
4 裁減軍備
5 公平解決殖民地問題
6 歸還俄國被占的領土
7 歸還比利時被占的領土
8 將阿爾薩斯－洛林還給法國
9 重劃義大利邊界
10 允許奧匈帝國境內的民族自治權
11 保障巴爾幹各國的獨立
12 保障土耳其治下少數民族的自治權
13 波蘭獨立
14 設立國際和平機構

這是為了針對列寧*3 提出的《和平法令》*4 吧？

俄國在西元1917年爆發十月革命*5，列寧的共產黨奪得政權。

*4《和平法令》：列寧於西元1917年11月8日爆發俄羅斯十月革命時所頒布的法令。
*5 十月革命：俄羅斯曆法十月爆發的革命（依據新曆又稱十一月革命）。在俄羅斯二月革命（見31頁）成立的臨時政府繼續參戰，因此列寧領導的布爾什維克（多數派）推翻臨時政府，建立新政權（見82頁）。

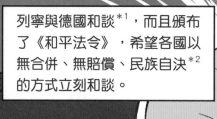

列寧與德國和談*1，而且頒布了《和平法令》，希望各國以無合併、無賠償、民族自決*2的方式立刻和談。

不過，投入龐大軍費，希望換得權利的各國無法接受這種條件。

*2 民族自決：各民族按照自己的意思決定歸屬、政治組織與未來方向，不允許其他民族或國家干涉的團體權利。

總統的《十四點和平原則》乍看之下與列寧的《和平法令》沒兩樣，

只是理想家的空談。

但是裡面暗藏了壯大美國未來的布局。

美國的……未來？

英國與法國之前曾與俄羅斯帝國簽訂戰後利益分配的密約。這項密約由列寧公布後，英法兩國不斷遭受批評。

第一條除了要求廢止祕密外交，也表明我國和那些傳統帝國主義國家不同。

看看第一條。

真正的重點是第二條到第四條。

尊重航海自由與撤除各國關稅壁壘，以及裁減軍備嗎？

原來如此！

看來你懂了。

尊重航海自由等於削弱長期掌握制海權的英國統治力。

小知識

威爾遜身邊分成兩派，一派不承認列寧政權，一派想看到俄羅斯成為民主國家，因此《十四點和平原則》第六點被認為是要給「列寧建國的時間」，內容才會如此曖昧。

若從這安排來看，與民族自決有關的第五條到第十三條也是，

撤除關稅可以讓身為貿易大國的我國獲得更龐大的利益。

民族自決的原則只適用於俄羅斯和德國境內的少數民族，

裁減軍備當然可以奪走其他國家興戰的實力。

就結果來看，英法的殖民地主義還是維持不變。

當然，
或許有些國家不
接受《十四點和
平原則》。

我了解了。
明明高舉公
平正義的旗幟，但要
在日後得到利益，

這就是所謂的
外交吧？

然而，這項提案將成
為戰後和談會議*1的
討論基礎。

*1 和談會議：為了平息戰爭而召開的國際會議。會中討論領土、賠款、實現和平的方法，又稱為「和平會議」。

戰爭總算結束。

士兵們陸續回到經濟在
戰爭中蓬勃發展、轉眼
成為大國的美國。

小知識

美國共和黨在西元1918年11月中的選舉獲得勝利。共和黨在參眾兩院成為多數黨之後，對威爾遜的民主黨政權帶來嚴重打擊，也不利和約簽訂及美國加入國聯。

不過，

俄國大革命的浪潮波及美國，使胡佛等人憂心忡忡。

長期進行的罷工，使受到列寧影響的共產主義*²者越來越活躍。

*2 共產主義：共享部分或全部財產，以達社會平等的主義。

胡佛派間諜潛入工會，刺探共產主義者的動向。

威爾遜雖是國家元首，卻為了出席巴黎和會放低身段，成為與其他國家首相或外交大臣同等地位的交涉者。此外，美國代表團只有民主黨員組成，如果議會多數派的共和黨員同行，說不定美國議會流程不會是現今這個模式。

共產主義者一面向公眾高喊活動的正當性，

一面從事地下活動*1，準備推動武裝革命。

*1 地下活動：由不合法組織進行的反體制政治活動。為了避開鎮壓，遊走在法律的灰色地帶。

＊3 勞合・喬治（西元1863～1945年）：全名為大衛・勞合・喬治。西元1916年第一次世界大戰時就任英國首相（～1922年）。

＊4 克里孟梭（西元1841～1929年）：喬治・克里孟梭。法國政治家。於西元1906～09和1917～20年擔任法國總理，強行推動戰爭政策。

＊5 西園寺公望（西元1849～1940年）：日本貴族、政治家。西元1906年（明治39年）第一次組成西園寺內閣，西元1911年（明治44年）第二次組閣。

帕爾默官邸

威爾遜從西元1918年12月開始，兩度離開美國，

英國派出首相勞合・喬治＊3參加會議，

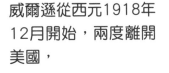

為簽訂和談條約與設立國際組織前往參加巴黎和平會議＊2。

法國派出總理克里孟梭＊4，

日本則由西園寺公望＊5參加。

全世界共有三十三個國家參加會議，但戰敗的德國卻沒有出席談判，使談判無法展開。

威爾遜

喬治‧克里孟梭

勞合‧喬治

巴黎和會三巨頭之一的威爾遜除了參與會議的重要項目，也呼籲設立國際聯盟*1組織。

*1 國際聯盟：簡稱國聯。在第一次世界大戰後發起，史上第一個國際和平組織，共有四十二國參加。

西元1919年6月28日，協約國根據威爾遜《十四點和平原則》與德國簽訂了《凡爾賽條約》*2。

凡爾賽宮*3
鏡廳

日本全權代表團建議巴黎和會的國際聯盟委員會，聯盟規範應採納「廢除人種歧視」條約。如此主張的原因，在於移民至美國和加拿大的日本人長期遭受歧視。不過，英國自治殖民地的澳洲和美國都以干涉內政為由反對，最後在威爾遜的裁定下撤案。

給丹麥　但澤成為自由市　給立陶宛

給波蘭

德國

薩爾蘭由國聯管理

給捷克斯洛伐克

給比利時

給法國

德國割讓給周邊各國的地區

脫離德國統治的地區

德國割讓部分領土給協約國成員，且失去所有海外殖民地。

在巴黎和會上簽訂的條約包括《凡爾賽條約》（對德國）、《聖日耳曼條約》（對奧地利）、《特里阿農條約》（對匈牙利）、《納伊條約》（對保加利亞）、《色佛爾條約》（正式宣告鄂圖曼帝國瓦解），條約批准後，國際聯盟因此成立。《凡爾賽條約》第一篇便是國際聯盟的規範。

*4 賠款：為了彌補戰爭造成的損害而支付的賠償，通常由戰敗國付給戰勝國。

德國被迫背負龐大賠款*4，

戰後國民的悲慘處境難以想像。

但日後德國以這番屈辱為跳板，奇蹟似地完成復興，

不過，這是另一個故事了。

某位人物的抬頭，為歐洲帶來更大的災難。

轟隆

*1 恐攻：恐怖攻擊事件的簡稱。為了達到政治目的而訴諸暴力、威脅的想法或手段。

威爾遜不在美國的期間，美國各地紛紛傳出炸彈包裹恐攻*1。

司法部長帕爾默認定犯人是共產主義者，

被盯上的有司法部長帕爾默、法官和參議院議員，

洛克斐勒*2和摩根*3等富豪都成為目標。

全美都籠罩在恐怖陰影下。

*2 洛克斐勒：美國企業家與望族，是美國三大財閥之一。
*3 摩根：與洛克斐勒齊名的美國三大財閥之一。

大家沒事吧！

沒事了。

嘰

那些傢伙幹的好事嗎？

那就是共產主義者的本性，

這會是一場險峻的戰爭，要有所覺悟。

接下來我會召集部下，擬訂加強取締的計畫！

危險分子、共產主義者變本加厲，每個人心裡都植入了共產主義帶來的恐怖。

小知識

受到俄羅斯十月革命影響的人們，組成美國共產黨和美國共產主義勞工黨，黨員人數達數萬人之多。西元1919年4月，美國郵政署沒收將近四十個寄給知名市民的爆裂物。一般認為，這些爆裂物出自激進派之手。司法部長帕爾默的搜捕激起了市民心中的「紅色恐慌」。

7月，威爾遜回到國內，

但等著他的卻是議會對《凡爾賽條約》的反彈。

現在正是批准*1《凡爾賽條約》，打造國際聯盟的時候！

以軍事力量決定其他各國國民的命運是對的嗎？

威爾遜直接與國民對話，希望能顛覆輿論。

*1 批准：國家承認由全權代表簽署條約的最後步驟。

威爾遜在美國各地巡迴演講。

征服與擴張勢力的時代已經結束。

為了世界和平，我們必須創立跨國性的組織！

56

威爾遜在三週內，
每天不間斷地演講，

據說搭車移動的距離
長達1萬3000公里。

然而，

簽訂條約需要得到參議院的
認可，可是參議院拒絕。

身為提倡者的
美國怎麼可以
不加入。

威爾遜在大戰末期中風*2，
戰後身體更是每下愈況，有
時必須把政務交給夫人。

因為反對加入國
聯的共和黨在參
議院占多數，

可是，

如果能接受共和黨
的意見，或許條約
就能通過。

請您換個角度想想，總統。

這樣豈不是被視為懦夫嗎？

參加國會被國際協調所制約，美國若選擇不參加，反而可以自由地外交，

*1 哈定（西元1865～1923年）：第二十九任美國總統（在任期間西元1921～23年）。反對美國加入國際聯盟。

您也會因為提倡國際和平而名留青史。

威爾遜在西元1919年獲頒諾貝爾和平獎。

西元1921年3月，威爾遜以自由戰士之名，名留青史。離開白宮後，由哈定*1繼任總統。

這樣就夠了不是嗎？

兩年後，哈定猝死，柯立芝*2成為總統。

*3 富蘭克林‧羅斯福（西元1882～1945年）：第三十二任美國總統（在任期間西元1933～45年）。任內經歷世界經濟危機與第二次世界大戰。

司法部調查局在富蘭克林‧羅斯福總統[3]的時代改名為「聯邦調查局[4]（FBI）」。

隔年，艾德格‧胡佛升任調查局局長。

小知識

西元1919年10月2日，威爾遜因中風失去意識，左半身癱瘓。不過，他隱瞞病情，由夫人伊迪絲擔任對外窗口，副總統馬歇爾也無法代理執行政務。此時的威爾遜是否具有政治判斷能力遭質疑，成為美國政治史上最大疑雲。

DEPARTMENT OF JUSTICE

FEDERAL BUREAU

FIDELITY BRAVERY INTEGRITY

GATION

直到尼克森[5]時代為止，胡佛穩穩坐在局長寶座上，橫跨多任總統。

*4 聯邦調查局：原文為Federal Bureau of Investigation，縮寫成FBI。美國司法部的警察機關。　　*5 尼克森（西元1913～94年）：第三十七任美國總統（在任期間西元1969～74年）。提倡降低對亞洲的軍事介入。

近代化慢半拍的俄羅斯在德軍陣前敗北後，國民生活陷入極度窮困，於是打著「麵包與和平」口號的起義應聲而起。

給我麵包！

МИРЪ ВСЕМУ МIРУ
ВСЯ ВЛАСТЬ НАРОДУ
ВСЯ ЗЕМЛЯ НАРОДУ

ДОЛОЙ МИНИСТРОВ КАПИТАЛИСТОВ

西元1917年2月
俄羅斯・彼得格勒[*1]

西元1914年7月，沙皇尼古拉二世頒布俄羅斯軍隊總動員令，加入第一次世界大戰。雖然擁有三倍的兵力，卻在坦能堡戰役中損失二十萬名士兵，其他戰役也戰敗，國內政局陷入混亂。

*1 彼得格勒：俄羅斯帝國首都，即現今聖彼得堡。第一次世界大戰爆發後，因為與德國對戰而改成具有俄羅斯風格的名字。

世界大戰歷經兩年後，俄羅斯始終處於劣勢，國民不滿的情緒達到了頂點。

農村裡許多年輕人被迫從軍，因此陷入勞動力不足的困境。

勞動力減少，農作物隨之減少，

農場出貨的原料不足，導致麵包和奶油的價格飆漲。

對沙皇的不滿一口氣爆發，

首都彼得格勒發生由學生發動的大規模示威遊行，甚至有士兵參與其中，

鎮上的主要設施都被占據。

*3 尼古拉二世（西元1868～1918年）：俄國羅曼諾夫王朝最後一位沙皇（在位期間西元1894～1917年）。

克倫斯基*2與其他國會議員組成臨時政府，

迫使沙皇尼古拉二世*3下臺。

「聖彼得堡」由受德國現代化影響的沙皇彼得一世所建設，德語的意思是「聖彼得的市鎮」，首都便從莫斯科移至此地。西元1914年，改名為俄語的「彼得格勒」；革命結束後，改稱「列寧格勒（列寧的市鎮）」；西元1991年，再度恢復「聖彼得堡」之名。

61

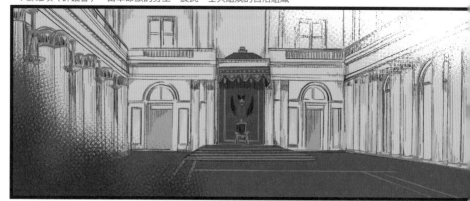

另一方面，勞工和士兵組成蘇維埃（評議會）*1。

*1 蘇維埃（評議會）：由革命派的勞工、農民、士兵組成的自治組織。

*2 羅曼諾夫王朝：自西元1613～1917年俄羅斯二月革命滅亡，最後一個統治俄羅斯長達三百年之久的王朝。

沙皇一家被遣送至西伯利亞，

*3 指俄羅斯二月革命。西元1917年3月，沙皇尼古拉二世退位，羅曼諾夫王朝被推翻。

西元1917年3月（俄羅斯曆法的2月），羅曼諾夫王朝*2畫下句點*3。

俄羅斯二月革命前，西元1905年1月22日發生了「血腥星期日事件」。起因是日俄戰爭失利，爆發了由勞工、農民和部分海軍帶領的起義，日後被認為是第一次俄羅斯革命。沙皇尼古拉二世雖然成功鎮壓叛亂，卻不願施行民眾希望的改革，還推行反動政治。

瑞士・蘇黎世

俄羅斯二月革命——

因沙皇暴政被迫逃亡至瑞士的俄羅斯人得知這個消息後，無不欣喜若狂。

如此就能回歸故鄉，

自由也降臨。

歌誦革命的俄羅斯人出現在蘇黎世的每個街角、酒館和咖啡廳。

*4 列寧（西元1870～1924年）：革命家。建立史上第一個社會主義國家。布爾什維克的領導人。

在一片歡欣鼓舞下，唯獨一名男子顯得格格不入，

他就是革命家弗拉基米爾・伊里奇・烏里揚諾夫，

日後以「列寧*4」之名聞名世界的男人。

小知識

瑞士是中立國，對流亡之人非常包容。早在西元17世紀便接受宗教迫害的法國胡格諾派（清教徒分支）；西元18世紀也接受因法國大革命而流亡的保皇黨。西元19世紀後，允許德國自由主義者、波蘭反俄羅斯勢力，以及歐洲各國的社會主義者滯留。

在馬克思主義影響下，俄羅斯社會民主工黨於西元1898年成立，但政黨領導人因政府鎮壓流亡國外。西元1903年，第二次黨大會於比利時布魯塞爾舉辦，政黨也在此次大會分裂成布爾什維克和孟什維克（見78頁）。

克倫斯基的臨時政府無法維護革命的成果。

再這樣下去，

尼古拉以外羅曼諾夫王朝的人，一定會重返皇位。

克倫斯基和沙皇都不想讓戰爭結束。

可是，只要我回到俄羅斯，戰爭就會結束。

列寧放消息給德意志帝國的參謀本部。

他在電話裡這麼說──

德意志帝國外交大臣齊默曼*

這個消息可靠嗎？

我是列寧，準備搭火車經過德國境內，回到彼得格勒，快做好一切準備。

明明是敵國國民，提出這種要求實在很詭異。

若搭船回國，列寧可能會被英國海軍所擒，

小知識

前往俄羅斯的鐵路路線，以瑞士和德國國境上的戈特馬丁根為起點，往德國境內東北方向延伸，穿過中立國瑞典、芬蘭（當時是芬蘭大公國），抵達彼得格勒的芬蘭火車站。「芬蘭火車站」是以長程列車的目的地來命名。

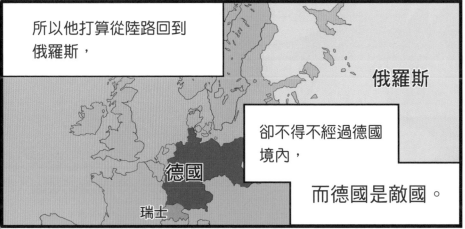

所以他打算從陸路回到俄羅斯，

俄羅斯

卻不得不經過德國境內，

德國

而德國是敵國。

瑞士

* 齊默曼（西元1864～1940年）：全名為阿瑟‧齊默曼，德國外交官，第一次世界大戰時的外務大臣。

但能回國的話，似乎願意以停戰作為回報。

與俄羅斯停戰嗎？

*1 東部戰線：第一次世界大戰中位於德國東側，從中歐往東歐延伸的戰線。

東部戰線*1的戰爭若能解決，德國就能將兵力集中在西部戰線*2。

*2 西部戰線：從比利時南部往法國東部延伸的戰線，德國在此與英國、法國等協約國成員作戰。

應該值得一試吧！

嗯。

此時，齊默曼已被逼入絕境。

由於英國的經濟封鎖，德國進口物資困難，石油、銅、橡膠、棉花等原料與糧食均不足，「戰時麵包（以馬鈴薯替代原料製作的麵包）」採配給制。到了西元1916年冬天，一名成人的配給量只有營養必需的三分之一。

齊默曼打算在美國參戰後,與墨西哥祕密結盟;戰勝後,要求美國將亞利桑那、德克薩斯、新墨西哥三州還給墨西哥。

新墨西哥

亞利桑那

德克薩斯

墨西哥

但密約敗露,美國輿論隨即倒向參戰。

拚命想挽回失敗的齊默曼,打算接受列寧的提議。

滿足那個男人的要求吧!

就算失敗,我國戰況也不會更糟了。

*3 第二次世界大戰後,戰敗的德國分裂成由美國、英國、法國占領的自由資本主義國家——德意志聯邦共和國（西德）,以及由蘇維埃聯邦（蘇聯）占領的共產主義國家——德意志民主共和國（東德）。

齊默曼決定推動這項計畫。

結果第二次世界大戰結束後,德國因為列寧打造的國家分裂成兩個國家*3,

作夢也料想不到。

西元1917年1月,齊默曼發送了一封電報給墨西哥政府,內容希望墨西哥政府能牽制美國參戰,並答應向美國宣戰後,德國將協助墨西哥取回在西元1846年美墨戰爭中被奪走的三州。不過,這封電報的密碼被破解,墨西哥也拒絕這項提議。

小知識

交給你們了。

瑞士和德國國境

之後就由我們接手。

那些傢伙只點一杯咖啡就賴在咖啡廳不走，

不斷討論社會主義和共產主義，

聽說服務生對他們都沒有好感。

如果能離開瑞士，耳根子應該會清靜不少。

當時蘇黎世貝爾維尤廣場附近的歐狄翁咖啡館，常有許多外國報社的特派員、編輯、領事館人員聚集，除了交換情報，也常脣槍舌戰，主張自己的意見。座上客包括物理學家愛因斯坦、作家薩默塞特・毛姆和其他藝術家，以及列寧。

上車吧！

除了列寧和他的妻子，其他約有三十人。

多少人？

呃……

列寧與其他三十位同志一起搭乘這班列車。

革命分子居然有三十多人，

怪不得瑞士人急著想趕走他們。

＊ 密封列車：經過德國境內時，完全無法接觸外面的列車。

雖然是流亡者，仍是敵國人民，

不准讓他們在經過我國時，看到窗外的風景。

把這班列車改成密封列車＊。

遵命！

你一刻也不能把視線從列寧身上移開，

我無法相信那個男人。

他還是有可能在德國境內進行破壞活動。

遵命！

哐噹

293

真是可悲可嘆！

報紙讓您這麼
討厭嗎？

討厭的是你
的監視！

呵呵，
這也沒辦法。

看不懂……

俄語
報紙，

我國同志送
來的。

71

西元1912年，列寧於聖彼得堡創辦《真理報》，但每次發行都被政府禁止。俄羅斯二月革命後，克倫斯基政府也禁止發行，但列寧仍讓《真理報》重新出刊。進入俄羅斯蘇維埃聯邦社會主義共和國時代後，《真理報》終於成為共產黨官方報紙，每日發行。

*2 史達林（西元1879～1953年）：全名為約瑟夫·維薩里奧諾維奇·史達林。政治家，在列寧死後成為蘇聯最高指導者。

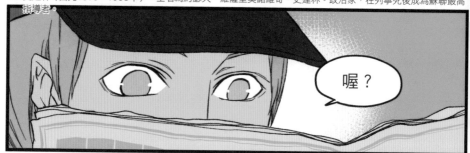

*3 托洛斯基（西元1879～1940年）：全名為列夫·達維多維奇·托洛斯基。烏克蘭出身的政治家。在俄國大革命中，為僅次於列寧的指導者。

73

怎麼做？

你沒聽說嗎？

我是為了讓這場戰爭落幕才回俄羅斯的。

總之就是先掌握政權，再開始與德國交涉。

掌握政權？

您說得太簡單了吧！

我的目標是世界革命*，

*世界革命：西元19世紀後半～20世紀前半，以國際規模推動共產主義的思想，但因為西元1918～19年德國革命失敗而失去動力。

沒時間浪費在俄羅斯這個亂七八糟的國家。

這個人是認真的嗎？

共產主義者團結的話，世界革命就指日可待。

您說共產主義嗎？

我父親跟我提過喔！

得從頭說起嗎？

算了，閒著也是閒著。

我就替你上堂課吧！

咦？不用麻煩了！

請務必聽聽看，反正你奉命監視我。

唔……

抓住

我們的社會將
一直進化，
這是必然的。

如同封建社會
走向絕對王政，
王政走向共和
政治，

現在的共和政治也將
走向社會主義，然後
改革成共產主義。

是、是。

第一步，要先廢除
私有財產。
因為允許私有財產，
就會產生不平等。

有錢人可以擁有
很多東西。

我想說的不是這個，

擁有財產的人奢侈享受
時，沒有財產的人卻是
被剝奪的一方。

這點你應該懂吧？

意思是有錢人不用工作就越來越有錢，

窮人不管怎麼工作，卻越變越窮嗎？

我常聽母親這麼說。

我們必須改變這種循環。

對社會主義運動帶來影響的馬克思與友人恩格斯在1848年共同發表了《共產黨宣言》，其中談到「到目前為止的所有社會的歷史，都是階級鬥爭（為了消弭階級與階級之間的落差而興起的鬥爭）的歷史」，所以必須朝社會主義的方向改革。

意思是不用工作也能有好生活嗎？

不是，是大家平等地負擔自己的責任。

什麼？結果還是得工作啊！

不是這樣的。

在黨的領導下，每個人都對自己的工作自豪，

而不是被迫工作。

可嘆的是，我們這些革命家並不團結，

目前分裂成布爾什維克和孟什維克[1]。

是喔！

布爾什維克是「多數派」，

孟什維克是「少數派」的意思。

我們布爾什維克的目的是由農民和勞工發動革命；

但孟什維克希望連同布爾喬亞階級[2]也加入革命。

*2 布爾喬亞階級：原文為Bourgeoisie，資產階級。相反詞為普羅階級或無產階級。

參加人數不是越多越好嗎？

布爾喬亞階級在武裝革命[3]裡派不上用場，

他們只想收割革命成果而已。

*3 武裝革命：透過武力革命的意思，又稱武力革命、暴力革命。

79

小知識

三十位俄羅斯人搭乘這班密封火車的費用到底是誰負擔的？列寧宣稱黨的資金不足以支付，所以向瑞士社會工黨借款，同時向大眾募款，但有一說是由德國援助。

政府高層可是期待你把俄羅斯搞得天翻地覆，才送你回來的。

我個人只希望你在搞垮俄羅斯後，別毀了這個世界。

我應該沒辦法滿足你的期待。

多虧有你，這趟旅程才不無聊。

再見，多保重！

回到俄羅斯之後，
列寧旋即展開行動。

他把心力集中在打倒臨時
政府和握有權力的蘇維埃，

並發表即刻停止戰爭的
「四月提綱*1」。

*1 四月提綱：列寧從瑞士回國後發表的布爾什維克基本方針。除了批評臨時政府，也提倡再次革命的必要性。

約過半年，他透過俄
羅斯十月革命*2推翻
臨時政府，

克倫斯基流亡後，

他建立了俄羅斯蘇維埃聯邦社會
主義共和國。

哇哇哇

咚

咚

轟
轟
轟

列寧的心腹托洛斯基負責與德國交涉，

但受到戰況惡化的影響，俄羅斯不得不放棄波羅的海三國*³、白俄羅斯、烏克蘭、芬蘭，以及原本由俄羅斯統治的一部分波蘭，才能與德國簽訂和談條約*⁴，完全退出戰局。

＊4 和談條約：指《布列斯特‧立陶夫斯克條約》。西元1918年3月，俄羅斯與德國簽訂的不平等和談條約。

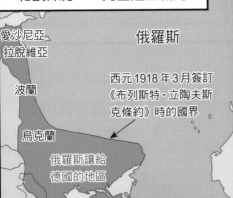

俄羅斯

愛沙尼亞
拉脫維亞

波蘭

烏克蘭

羅馬尼亞　黑海

西元1918年3月簽訂《布列斯特-立陶夫斯克條約》時的國界

俄羅斯讓給德國的地區

借我一下！

做什麼！

那個人真的辦到了。

你給我聽好，我很了解列寧這個人。

這個人……

西元1918年，
黨領導人史達林下令處死
沙皇一家七口。

西元1921年，列寧連續中風，逐漸失勢，蘇維埃的實權便掌握在史達林手中。

西元1922年，蘇維埃社會主義共和國聯邦（蘇聯）成立。

西元1924年列寧辭世後，

史達林就在西元1929年將政敵托洛斯基放逐到國外。

沙皇一家被槍殺的狀況一直不明朗，還有安娜塔西亞公主逃過一劫的傳聞。西元1991年，在葉卡捷琳堡（蘇聯）偏僻之處，發現了沙皇一家的遺體，自稱公主的疑雲不攻自破。曾有數位女性聲稱自己是公主，但目的都是為了存在瑞士銀行的羅曼諾夫家族財產。

史達林不斷推動蘇聯的工業發展，但方法過於殘酷。農業計畫失敗導致無法生產糧食。據說在西元1930年代，送到西伯利亞勞改營或因為飢荒死亡的人數高達兩千萬人。對於反對體制的人，也毫不留情地鎮壓。

托洛斯基流亡墨西哥後，不斷批判史達林。

*1 麥卡德（西元1914～78年）：蘇聯特務送到托洛斯基身邊的暗殺者。取得其女性密友信任後，得以接近。

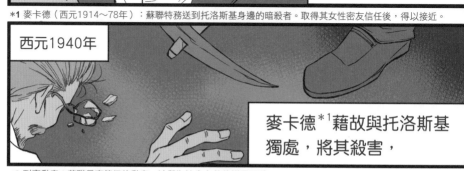

西元1940年

麥卡德*1藉故與托洛斯基獨處，將其殺害，

*2 列寧勳章：蘇聯最高等級的勳章，被譽為社會主義的諾貝爾獎。

麥卡德在墨西哥入獄服刑二十年後回到蘇聯，獲頒列寧勳章*2。

時代總是在變，

在西元20世紀尾聲，

希望打造新世界的列寧，

被視為鎮壓自由的獨裁象徵。

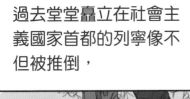

過去堂堂矗立在社會主義國家首都的列寧像不但被推倒，

甚至遭到破壞。

第一次世界大戰爆發前，
原本是列強殖民地、附屬國的地區，
展開了尋求民族解放的鬥爭。
在中國，滿州人建立的清朝也開始動搖。

橫濱港

*1 中日戰爭：西元1894～95年，日本與清朝之間的戰爭。日本獲勝後，迫使清朝簽訂《馬關條約》。

西元1895年，清朝在中日戰爭*1
敗北，衰弱國力清楚可見，

俄羅斯、英國、法國、德國
等列強，都企圖將清朝納為
殖民地。

由於俄羅斯、法國、
德國三國干涉還遼*2
而暫時放棄侵略中國
的日本，

則利用中日戰爭得到的
賠款增強軍備，企圖躋
身列強之列。

*2 三國干涉還遼：簡稱三國干涉。西元1895年，企圖侵略中國東北部的俄羅斯與法國、德國，要求日本歸還在中日戰爭得到的遼東半島給清朝。

*3 孫文（西元1866～1925年）：中國政治家，推動三民主義（見94頁）革命，被譽為中國革命之父。

清朝在不斷遭受強權侵略，窮於應付之際，國內外出現許多企圖推翻朝廷的政治團體，在各地發難起義。

在夏威夷接受教育的孫文*3，便是其中一名率領起義的人。

*5 犬養毅（西元1855～1932年）：日本政治家，第二十九任首相。在日本爆發的五一五事件中被暗殺。

孫文在夏威夷創立名為興中會*4的革命團體，西元1895年在廣東發起第一次武裝起義，但以失敗告終，

開始四處流亡。

*6 梅屋庄吉（西元1868～1934年）：日本企業家，在香港認識孫文後，成為強而有力的資助者。

許多日本人被孫文的志向所感動而支援他，

包括日後成為首相的犬養毅*5；

透過電影公司累積龐大財富，在經濟上給予孫文協助的梅屋庄吉*6；

小知識

孫文創立興中會之後，號召國外華僑和留學生展開革命，企圖建立以漢族為主的主權國家，他沒有回中國，一直在外國奔走。西元1895年，廣州起義失敗後被列為通緝犯，凡是能抓到他的人，都將獲得大筆獎金。

西元1897年，宮崎滔天在橫濱與流亡中的孫文相會。

以及這位宮崎滔天＊。

＊宮崎滔天（西元1871～1922年）：浪曲師（日本傳説唱藝術家）。支援孫文等人，在背後推動辛亥革命的革命家。

特別跑來見我嗎？

真是感謝。

孫文先生，

請您先更衣。

這樣對客人實在太失禮了。

這樣的確不行。

我還以為……

是個更有派頭的人。

喀啦

換句話說，人民自治是基本原則。

清朝一定要推翻，

我輩也有不辭一死的武裝起義決心。

宮崎滔天在《三十三年之夢》的半自傳裡，詳盡記載了孫文的革命活動，且於報紙連載，孫文的名號因此漸漸在中國留學生之間傳開。後來中文譯本在中國大賣，成功宣傳了孫文之名。

小知識

這個人是理想家，渾身充滿著熱情，擁有高尚的思想，

只以貌取人的我，實在太慚愧了。

＊中國同盟會：西元1905年，以孫文為核心，在東京集結的革命政治團體，包括興中會、華興會、光復會等，主導後來的辛亥革命。

孫文組織了革命團體興中會，在東京則成立中國同盟會＊，

由於參加者眾多，連地板都被踩壞。

啊 啊

啊

真是可喜可賀，這應該是清朝即將被踏破的吉兆吧！

孫文一席話，惹得所有人哄堂大笑。

西元1905年8月，中國同盟會正式於東京赤坂成立。

中國同盟會以孫文的三民主義*1為號召，目的在建立民族獨立、民權伸張、民生安定的共和國。

*1 三民主義：西元1905年，孫文發表的中國革命基本理論。

許多日本人也加入中國同盟會。

當時約有一萬名以上中國留學生滯留在師法歐美、持續推動近代化革命的日本，超過一千名留學生參加中國同盟會誓師大會。

此外，參加的日本人之中，許多人都抱持「為了亞洲團結及排除歐美列強威脅，中國必須革命」的想法。

小知識

之後，孫文不斷嘗試著從國外策動中國境內的起義，前十次卻全部以失敗告終。

不管失敗幾次都不退縮，繼續計畫下次起義及預言革命終將勝利的孫文，

漸漸被戲稱為「孫大炮」（愛說大話的孫文）。

*2 紫禁城：位於中國北京的明清舊皇城。清朝第十二代宣統帝（溥儀，在位期間西元1908～12年）居住於此。

北京・紫禁城*2

中國方面——

清朝雖然被革命分子牽著鼻子走，但仍設法推動改革，

如廢除科舉*1、推動軍隊現代化*2，並修訂憲法大綱*3。

*1 科舉：從隋朝到清朝的官僚考試錄用制度。最初是不論家世背景，只選拔優秀人才而開始實施的制度。

不過，為了重振財政將鐵道納為國有，並向列強貸款作為擔保的措施，

卻招來資本家反彈。

*2 清朝末年被譽為光緒新政的改革，由袁世凱一手負責，向外國借錢，推動軍隊現代化和建設鐵路。

好不容易組成的內閣，清一色都是政府高官和滿洲貴族，

民心逐漸遠離皇帝，傾向革命家們。

於是，清朝的取締變得更加嚴格，

中國同盟會也在多次起義失敗後漸露頹勢。

清朝眾多改革之中，最有成果的就是正規軍的近代化，並因此編列新的軍隊。率領德式部隊的袁世凱，一肩挑起軍隊現代化的重責大任，擔任北洋大臣的同時，成為清朝政府最有實力的人（見107頁）。新軍甚至流傳「只知袁宮保，不知大清朝」的口號，成為袁世凱的親兵。

推動時代巨輪的一件事，
發生在西元1911年10月。

*4 上海：西元1842年鴉片戰爭結束後，因《南京條約》開港的上海發展成國際城市。英國、美國、法國、日本等外國人的居住地，統稱為上海租界。

國際城市・上海*4

這條清朝警察勢力不及的街上，有許多中國同盟會的革命家聚集，

*5 宋教仁（西元1882～1913年）：清朝末年的革命家、政治家。由宮崎滔天引薦給孫文之後，加入中國同盟會。

他們推動著有別於孫文的革命。

曾於日本留學的
宋教仁*5，

就是領導者之一。

97

宋先生！

大事不妙！
武昌*1、武昌啊！

*1 武昌：中國湖北省武漢市地名，位於長江南岸。

武昌起義不是因為
準備不足延期了嗎？

還是風聲走漏，
有人被逮捕了？

比、比這些更糟，
製造炸彈時發生事故，
引起不小騷動，

所以就順勢毅然
起義了！

然後呢？

革命的火焰即將蔓延！

起義成功了！

武昌已經在我們的掌控之下！

沒錯！

西元1911年10月的武昌起義是辛亥革命*2的序幕，

不久，各地的起義風起雲湧，革命政府在十四個省成立，

並宣布脫離清朝獨立。

＊2 辛亥革命：由孫文領導的中國同盟會推翻清朝，成立亞洲第一個共和國——中華民國。以中國古代曆法天干地支來計算，西元1911年是辛亥年。

孫文在美國丹佛得知起義成功的消息。

孫先生，您的感想是？

革命浪潮將因此席捲全國，

贏得最後勝利。

面對報社記者的採訪，孫文如此回答。

不過，他並不打算立刻回到中國。

另一方面，接到宋教仁的電報後，一名男子立刻從日本來到中國，

他就是北輝次郎*1（日後的北一輝）。

北輝次郎絲毫不隱瞞對孫文的不滿。

孫中山*2是舊時代的革命家，

接下來應該由宋教仁這樣的年輕人推動革命。

100

北一輝在大日本帝國憲法下刊印批評天皇制度的《國體論與純正社會主義》一書後，被日本政府視為危險人物，受到警察監控。他應宮崎滔天之邀，加入中國同盟會，與宋教仁建立了堅貞的革命情誼，並投身於辛亥革命。

12月　上海

宋先生，你總算從南京回來了。

你看，有些人雖然看起來不安，

但你不覺得街上的路人都一臉開朗嗎？

的確如此。

你這邊怎麼樣呢？

101

武昌成為革命的引信，在各地引爆脫離清朝的獨立運動。

有些地方是在中國同盟會的指導之下，有些不是。

喂，你要寫成報導嗎？

你還記得我是記者*吧？

而且很優秀！

我比較希望你是同志和朋友。

＊記者：北輝次郎以日本政治團體黑龍會發行的機關雜誌記者為名，滯留中國。

老實說，現在很難整合各地代表的意見，

大家自顧自地認為

首都應該在武昌或上海。

我心裡很明白，

新政府應該設立在南京才對。

沒有孫先生掌局，無法推動任何事。

孫中山現在在英國吧？

比起發動革命，那個人更忙於宣傳革命。

老樣子，

再給他一杯咖啡。

為了尋求資金，孫文在世界各地奔波，

肩負著支援革命的重責大任。

等先生回國，我希望他能出任臨時大總統一職，

雖然是由各地代表投票選出，但孫先生一定會勝出。

你呢？

你應該站上更高的地位！

議員也是很重要的職務。

我就當一名議員。

孫文不斷前往歐美、日本、馬來半島（有許多中國人的地區）籌措革命資金。接到武昌起義成功的消息時，他正在美國科羅拉多州丹佛市的旅館吃早餐。不過，他沒有立刻回國，反而巡迴美國各地，然後行經英國和法國，再從法國馬賽搭船回到香港。

我的意見會透過議會反映在政治上。

共和制的議會嗎？

烏合之眾的議會能發揮什麼效果？

孫文姓「孫」名「文」，「中山」是號（有別於本名的別名），這個號源自自日本。流亡期間，他在日比谷公園附近看到「中山」這個門牌，很喜歡這個詞，便以此為號。直到現在，孫文的出生地也被稱為「中山市（廣東省）」。中國和臺灣還有很多地名以孫文的號命名，例如中山大學和中山公園就是其中一例。

＊責任內閣制：或稱議會內閣制。基於議會的信任組建內閣，對議會負責的政治制度。

在責任內閣制＊之下，只有議會能阻止大總統成為專制君主，

不過，孫中山先生從來沒想過要當皇帝。

你真是太過善良又謙虛的人。

不過，我還是會一直從旁協助你的。

緊握

我也很需要你的幫助。

12月25日，孫文來到上海，受到革命派的熱烈歡迎。

啪 啪 啪 啪

清朝第十二代皇帝（末代皇帝）宣統帝（溥儀）即位時年僅三歲，被迫退位時才七歲。根據他的自傳，當時他根本不知道發生了什麼事，卻就此被軟禁在紫禁城，之後又被逐出紫禁城。日後他成為日本建立的滿州國皇帝，度過波瀾萬丈的人生。

隔年1月1日，孫文宣布亞洲第一個共和國中華民國*1成立，

孫文提名宋教仁為法制局局長；

並擔任臨時大總統一職。

並邀請犬養毅擔任顧問一職，但他婉拒。

後來，孫文為了與清朝交涉，以及讓宣統帝*2退位，將大總統一職讓給袁世凱*3。

袁世凱原是清朝為了鎮壓革命政府而任命的總理大臣，也是全權率領北洋軍*4的司令官。

*3 袁世凱（西元1859～1916年）：清朝末年的軍人、政治家。迫使溥儀退位，從孫文手中接下大總統一職後，鎮壓國民黨，成為正式大總統。

*4 北洋軍：清朝末年由袁世凱指揮的新軍，對袁世凱非常忠心。

宣統帝退位後，清朝歷史就此落幕。

不這樣的話，
沒辦法與中華民國
的閣員說話。

我已經沒辦法
與現在的中國同盟
會，不對，是國民
黨*一起行動了。

為什麼孫中山要讓
袁世凱擔任大總統？

沒這回事，
你是我的朋友，
也是中國同盟會的
成員啊？

*國民黨：西元1912年，由孫文領導中國同盟會組成的中華民國政黨，但遭到袁世凱鎮壓。

你是以記者身分問
我這些事嗎？

袁世凱是清朝的軍人，
背叛了皇帝，向我們革
命派靠攏，

他絕對不是可以
信賴的對象。

是以朋友身分吧！

袁世凱的軍隊很強，
如果與他為敵，
會有更多同志犧牲，

這是必要的妥協。

小知識

孫文把臨時大總統一位讓給袁世凱的條件之一，就是首都必須設在南京。不過，袁世凱卻在北京舉行就職典禮，參議院也移往北京，巧妙破壞了與革命政府的約定。

這就是孫中山的判斷嗎？

周圍有許多這樣的意見，孫先生也不得不從。

過去流了那麼多鮮血才贏得的革命成果，就這樣被袁世凱全數收割了，

連國民黨也屈服在權威之下。

你放心好了，

議會不會讓袁世凱為所欲為的。

我們還是擁有壓倒性的過半數席位。

同年，舉辦了選舉，國民黨徹底贏過袁世凱派的政黨。

責任內閣制就此開始，在宋教仁的帶領下，阻止袁世凱推動獨裁的野心。

孫文為了確保議會的勢力於西元1912年建立國民黨，核心人物正是宋教仁。當時政黨林立，袁世凱也建立了共和黨。西元1913年的選舉，宋教仁的領袖風範使國民黨獲得大勝。

西元1913年
3月20日

宋教仁在上海車站
遭到槍擊，兩天後
死亡。

北一輝認為這起刺殺是
孫文的人所為，

於是透過報紙發表意見。

他因為這篇報導，被逐出中國三年，將中國拋在腦後。

時至今日，一般認為刺殺宋教仁的是袁世凱的人。

到頭來，

我相信的不是革命理想，

而是你這個孑然一身的人吧！

我不會說什麼永別，

不會讓一切就此結束，

我一定會再回來的，

宋。

小知識

孫文流亡日本時，第一次世界大戰爆發，有列強撐腰的袁世凱政府開始衰敗，日本也藉機向袁世凱政府提出二十一條要求，內容包括繼承德國在山東省的特權。中國國內興起抗日運動後，中華革命黨採取的戰略則是嚴厲批判袁世凱對二十一條要求的態度。

最大的敵人宋教仁消失後，袁世凱將議會拋在腦後，開始以強權鎮壓國民黨。

七月爆發了二次革命*1，
孫文為打倒袁世凱而戰。

*1 二次革命：西元1913年7月，由孫文的國民黨帶頭，推翻袁世凱政權的軍事起義。

不過，擁有強大武力的袁世凱鎮壓了這次革命，

使國民黨解散。

*2 中華革命黨：二次革命失敗後，西元1914年7月，孫文於東京成立的革命團體。

孫文流亡日本，

在東京組成中華革命黨*2，伺機打倒袁世凱。

*3 中華帝國皇帝：以當時的年號而言，又稱為洪憲帝。
*4 軍閥：軍人團體。袁世凱死後，軍閥各據山頭。

小知識

西元1915年，袁世凱廢除共和制，宣布帝政復活；西元1916年，逕自即位為中華帝國皇帝[3]。

但在遭受學生和軍閥[4]的強烈批判與反彈後，旋即退位。

同年，袁世凱辭世，北京的中華民國政府面臨衰敗，

進入各地軍閥各據山頭的混沌時代。

袁世凱將西元1916年定為「洪憲元年」後即位皇帝，但隨之而來的批判聲浪遠遠超過想像。一開始，日本和歐美列強袖手旁觀，最後也轉為批評袁世凱。袁世凱只做了八十天的皇帝，也無法挽回頹敗的權勢。

115

5　美國的繁榮

第一次世界大戰後，美國景氣好轉，
進入大量生產、大量消費的時代，
達到前所未有的繁榮。
其中，最具代表的就是汽車產業。

故事要先回到大戰之前，
某位奠定美國繁榮基礎的
男人出現了。

西元1863年，
亨利・福特[1]於美國密西
根州迪爾伯恩[2]的小康農
家出生。

*1 亨利・福特（西元1863～1947年）：福特汽車公司的創辦人，被譽為美國汽車之父。
*2 密西根州迪爾伯恩：位於美國中西部，五大湖地區的密西根州東南部，底特律以西的小鎮。

媽媽！
哥哥又搞破壞了！

哇

咻

亨利從小就喜歡拆解機械，修理時鐘對他來說易如反掌。

嘿嘿！

啪

他經常拆解發條式玩具，惹妹妹生氣，度過幸福的少年時期。

可惜，母親在他十二歲時就過世了。

小知識

西元1840年代後半至1850年代之間，許多移民從歐洲來到美國。亨利的父親威廉在西元1846年自愛爾蘭移民美國，從政府手中買下未開發的森林開墾，做得相當成功，直到亨利出生時，已經成為身價頗豐的資本家。

117

蒸汽機指的是以蒸汽能源驅動機械的引擎。紐科門（西元1663～1729年）讓蒸汽機實用化之後，經過瓦特（西元1736～1819年）改良，得以穩定輸出龐大動力。蒸汽機讓農業社會轉型成工業社會，可說是工業革命的核心動力。

幾個月後──
西元1876年
7月

喀

噠

撲

嚕嚕嚕嚕

母親在如此偏僻的鄉下，

過得幸福嗎？

喀
喀
喀

*1 底特律：美國密西根州東南地區的大城市。許多美國大型汽車公司在此設廠，被譽為汽車之城。

父親以馬車載著亨利前往底特律*1途中，

看到用蒸汽機驅動的蒸汽汽車*2。

噗嚕嚕嚕嚕嚕

喀喀喀

*2 蒸汽汽車：以蒸汽機驅動的車子，是世界上首次使用燃料動力的交通工具。西元1769年，由法國的尼古拉斯・約瑟夫・庫諾所發明。

這、這是什麼？

但是用蒸汽驅動的車子另當別論。

雖然蒸汽機在美國已不稀奇，

亨利第一次看到不需馬匹拉曳的車子。

119

三年後

亨利在父親的介紹下，開始到底特律的弗勞爾兄弟機械工廠工作。

這孩子將來不會成為農夫吧！

121

幾個月後，亨利進入德萊多克公司服務，以每週三美元五十分的代價，在公司寄宿。

德萊多克公司的週薪為兩美元五十分，

不足的部分，他就以修理時鐘來彌補。

擁有專業技術後，亨利在二十歲前辭職，回到老家，

一面幫父親經營農場，

一面利用移動式蒸汽機幫忙鄰居收割和運送。

哇啊～

小知識

美國在南北戰爭之後，工業化速度突飛猛進。西元1876年，貝爾（西元1847～1922年）的電話通話實驗成功；西元1877年，愛迪生（西元1847～1931年）成功讓留聲機付諸實用。西元1903年，萊特兄弟（哥哥西元1867～1912年、弟弟西元1871～1948年）完成首次人類駕駛動力飛機的壯舉。

之後，亨利被銷售蒸汽機的西屋公司錄用，

擔任商品展示和修理的負責人。

除此之外，亨利還繼承父親的森林，創立木材業，做得相當成功；

並且結了婚。

他的另一半名叫克拉拉・布萊恩，

是集美麗與聰明於一身的二十二歲女性。

123

結婚兩年後的
西元1890年，

亨利為了蒸汽機的相關業務前往
拜訪底特律的蘇打水裝瓶工廠，
在那裡遇見了命中註定的邂逅。

這是敝公司的
蒸汽機……

真是不好意思，
我們不需要蒸汽機，

因為我們有那個。

難道是……

用汽油驅動的
內燃機＊！

喀嚓
喀嚓

它的構造是什麼？

動力如何傳達呢？

邂逅的對象就是以汽油驅動的內燃機。

小知識

日本在西元1899年（明治32年）首次從外國引進汽車，後來便開始嘗試自製汽車，在西元1904年完成國產車第一號「山羽式蒸汽汽車」。

接著，雖然不斷嘗試自製汽車，卻沒有立刻成功，直到西元1930年代，日本的汽車製造商才開始正式生產。

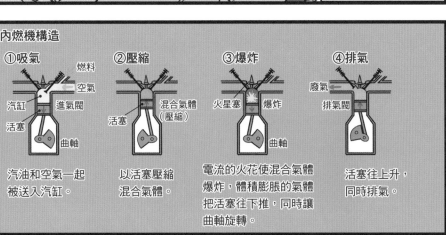

內燃機構造

①吸氣

燃料
空氣
汽缸　進氣閥
活塞
曲軸

汽油和空氣一起被送入汽缸。

②壓縮

混合氣體（壓縮）
活塞

以活塞壓縮混合氣體。

③爆炸

火星塞　爆炸
曲軸

電流的火花使混合氣體爆炸，體積膨脹的氣體把活塞往下推，同時讓曲軸旋轉。

④排氣

廢氣
排氣閥

活塞往上升，同時排氣。

這比亨利所見過的任何蒸汽機都小，動作也更精準。

這傢伙也能驅動車子吧？

125

歐洲方面，

西元1885年，德國的戴姆勒[*1]和賓士[*2]都已研發出汽油式引擎的摩托車與三輪汽車。

就是這個！

[*2] 賓士（西元1844～1929年）：全名為卡爾・弗里德希・賓士。西元1886年，取得世界第一張汽油式引擎的汽車專利，設立汽車公司。西元1926年，與戴姆勒合併，成為戴姆勒・賓士公司。

製造內燃機需要電力方面的知識，但亨利一知半解。

為了學習這方面的知識，他在底特律的愛迪生電燈公司[*3]，找到發電所技師的工作。

[*3] 愛迪生電燈公司：美國發明大王愛迪生經營的電燈公司。西元1896年，愛迪生與福特相識後，兩人成為一輩子的好友。

卡爾・賓士與戈特利布・戴姆勒在同時期成功開發汽油式引擎的汽車，均被譽為「汽車發明之父」。相對於此，將汽車推廣給一般大眾的亨利・福特，則享有「汽車生產之父」的稱號。

咦？

克拉拉，我們要搬家了！

砰

砰砰

西元1891年，亨利舉家搬往底特律。

喀喀喀

127

美國方面，在亨利搬到底特律的一年後，麻薩諸塞州的杜里埃兄弟[1]進行汽油式引擎的汽車公開實驗，

西元1895年於芝加哥舉辦汽車競賽[2]。

*1 杜里埃兄弟：指查爾斯和法蘭克這對兄弟。西元1893年，在美國首次銷售汽油式引擎的汽車。

福特任職的愛迪生電燈公司，為發明留聲機和鎢絲燈泡聞名的愛迪生所創立。愛迪生在開發電動汽車上遭受挫折，聽到福特開發汽油式引擎的汽車消息後，給予福特非常高的評價。福特創業後，兩人於公於私都保有良好的情誼。

亨利身為一名技術精湛的技師，在發電所的一個房間裡不斷進行實驗，

漸漸地，有三名夥伴加入。

吉姆・畢休普

喬治・卡特

愛德華・霍夫

正式組裝汽車之後，他們將活動場地移到亨利租屋處的倉庫。

減輕重量能減少引擎的負擔和故障，

還能提升速度，

喔喔～

讓我們一起減輕車體重量吧！

128

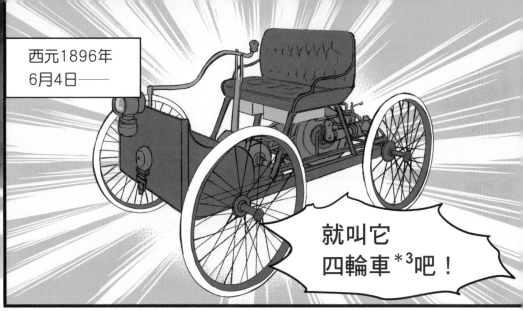

西元1896年
6月4日——

就叫它
四輪車*3吧！

恭喜你，
親愛的。

呃……
亨利？

那就是汽車沒辦法
穿過倉庫的門，因
為門實在太小了。

啊！

熱衷於製造汽車
的亨利沒注意到
一件事，

克拉拉，

斧頭在哪裡？

129

福特日後在迪爾伯恩設立了專為保護與展示美國歷史建築物的「格林菲爾德村」，大門被破壞的倉庫與福特老家在此地均有復刻版建築。

出發吧！
這就是四輪車！

破開大門後，四輪車總算得以外出。

喀
喀

當時是下著小雨的深夜兩點。

大門再也關不上了吧！

噗嚕嚕

哇，動了！
我知道會動，但沒想到真的動了！

冷靜點，亨利！

喀
喀

他們首次上路只行駛了短短的距離。

噗嘶
噗嘶

喀
喀

亨利持續改良，延長四輪車的行駛距離。

得知四輪車的消息，願意給予資金援助的人也出現，

那就是威廉・墨菲*1。

*2 指亨利於西元1899年創立的底特律汽車公司。

亨利辭掉工作，在底特律創辦他的第一間汽車公司*2，

可是，這項事業旋即失敗。

原因在於他的四輪車過於纖細和複雜。

我想打造品質更高的汽車，

打造堅固又快速的汽車。

接著，亨利開始挑戰開發賽車，

在背後支援的就是墨菲。

131

草創時期的汽車製造商，為了證明自家產品的品質，都會不遺餘力參賽。亞歷山大·溫頓在格羅斯波因特湖岸比賽前一年舉辦的芝加哥競賽奪冠，所以每個人都認為他會在此次競賽中獲勝。聽說比賽開始之前，他已挑選了適合自家裝潢的冠軍獎盃。

西元1901年
10月10日

在底特律東方，格羅斯波因特*1湖岸舉辦了一場開放性的比賽，

亨利也參加了。

觀眾超過八千人以上。

但其他汽車因為狀況不佳未能競賽，所以參賽的只有兩臺。

*2 亞歷山大·溫頓（西元1860～1932年）：溫頓汽車運輸公司的創辦人。被譽為「汽車先驅」。

一對一嗎？

簡直就像中世紀馬上槍術對決。

不過，對手可是亞歷山大·溫頓*2，

1英哩*3 1分12秒4的世界紀錄保持人。

實際衝刺的不是那傢伙，

是車子！

*3 英哩：美國使用的長度單位，1英哩約為1.61公里。1分12秒4約為時速80.5公里。

真是有趣的玩笑。

福特是誰？
聽都沒聽過。

這個福特真能跑到最後？

賭跑不完一美元。

賭會爆炸兩美元。

主辦單位在空地打造了一圈1英哩的賽道，比賽規定需跑二十五圈，但比賽開始前臨時縮短為十圈。縮短競賽距離的原因是主辦單位擔心溫頓在前半段比賽勝出太多，後半段的比賽會變得無聊。

噗噗噗

噗噗噗

轟

Go！

等著瞧吧！

從第七圈開始，亨利兩人就超過溫頓，直奔終點。

要是我有五十美元賭他們贏就好了！

看到比賽結果的墨菲，以及之前底特律汽車公司的股東們一同出資，創立了亨利・福特公司，

亨利也成為首席工程師。

不過，
亨利在四個月後就離開這間公司。

失去亨利的公司，則改名為凱迪拉克汽車公司。

我對開發股東們才坐得起的車子沒興趣，

我想打造的是大眾都能駕駛的汽車。

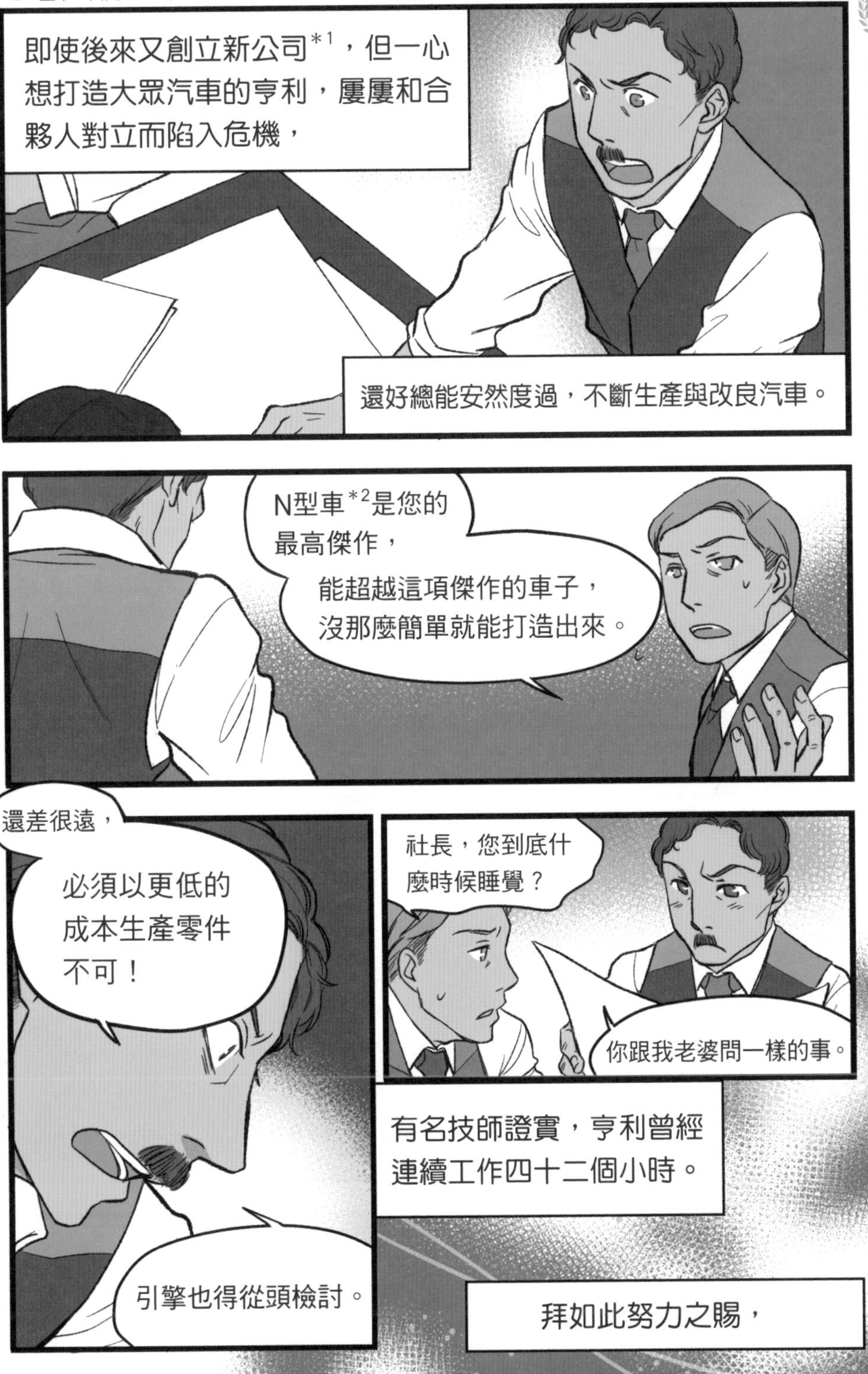

小知識

亨利·福特公司在西元1902年亨利離開後，更名為凱迪拉克汽車公司。這個名字源自開墾底特律的法國貴族之名。凱迪拉克汽車公司雖在西元1909年被通用汽車公司併購，但直到現在，仍是高級轎車的代名詞。

即使後來又創立新公司*1，但一心想打造大眾汽車的亨利，屢屢和合夥人對立而陷入危機，

還好總能安然度過，不斷生產與改良汽車。

N型車*2是您的最高傑作，

能超越這項傑作的車子，沒那麼簡單就能打造出來。

還差很遠，

必須以更低的成本生產零件不可！

社長，您到底什麼時候睡覺？

你跟我老婆問一樣的事。

有名技師證實，亨利曾經連續工作四十二個小時。

引擎也得從頭檢討。

拜如此努力之賜，

西元1908年，
福特T型車*問世。

售價為八百五十美元。

雖然沒辦法如亨利預期的便宜，但當時在千元以下的車子，沒有一臺像這款車擁有如此優異的性能。

小知識

儘管經過無數次改良，福特汽車公司在西元1927年停止生產福特T型車之前的十八年內，只生產福特T型車，累計製造了1500萬7033臺。

＊福特T型車：完成度極高的平價大眾汽車，受到廣大的歡迎。

第一年，T型車就銷售超過一萬臺。

西元1915年

138

你已經知道去年採用的流水線生產方式*吧？

這是罐頭工廠採用的生產方式，

讓T型車的產量增加了152%。

不過，插入螺絲的作業員只負責插入，鎖螺絲的只能鎖螺絲，

不斷重複如此單純的作業，不是剝奪了工作的喜悅嗎？

相對的，敝社員工得到更多時間。

流水線生產方式縮短了工作時間，

員工們可以利用多出來的時間與家人相聚，或發展自己的嗜好。

社長，這個零件有點問題。

為什麼要使用這個材料呢？

明明之前的材料便宜兩分，成本也比較低——

亨利‧福特不僅壓低汽車的售價，還給付勞工高薪，讓他們也有能力購買汽車。此舉讓八成的家庭都能擁有汽車。美國就在這時候進入大量生產與大量消費的時代。

使用這個材料的話，就能以新的方式生產零件。

這個新方式可以提升作業效率，讓加工成本從0.2852美元降低到0.1663美元。

你居然連成本的小數點第四位都記得這麼清楚？

我可是肩負著把T型車送到更多人手中的責任，

如果一天生產一萬個，就能省下一千兩百美元。

這樣你懂了嗎？

這點小事當然要替大家辦到。

141

明明已經如此暢銷，您還把Ｔ型車的價格，從推出時的八百五十美元降低到四百九十美元。

如果從供需原則*1來看，即使稍微漲價也會熱賣吧？

就算熱賣，調漲售價可是一種犯罪，

這與靠戰爭賺黑心錢的死亡商人有什麼不同？

即使現在是增加利潤的絕佳時機嗎？

這樣就好，這樣就夠了。

所謂的「死亡商人」，是為了追求利潤而銷售武器的公司或組織。西元1914年第一次世界大戰（見第4頁）爆發，一開始採取不捲入國際紛爭、不願參戰的美國，後來在西元1917年參戰，戰爭隔年才結束。

美國社會已經準備迎接大量生產、大量消費[2]的時代。

*2 大量生產、大量消費：透過大量生產降低成本；再透過大量消費產品促使經濟成長的社會循環。

我知道。

不過，物極必反，總有一天會被這股潮流反噬。

這場採訪的十五年後，美國金融中心的華爾街[3]遭到經濟大恐慌[4]侵襲，

IWANI ORK

Stalked by Stork

美國國民面臨前所未有的困難。

我父親在德州[5]農場工作，也開福特T型車呢！

小知識

西元1929年，紐約股票市場崩盤，美國的不景氣對其他國家造成重大影響，對全世界的經濟與產業帶來嚴重的打擊，這個影響被稱為「世界經濟大恐慌」，導致股票大跌。西元1929年10月24日為星期四，被稱為「黑色星期四」。

*3 華爾街：紐約市曼哈頓南端地區，紐約證券交易所也位於此。進入西元20世紀後，發展成為世界的金融中心。
*4 經濟大恐慌：指美國經濟崩潰，導致實施資本主義各國受到波及的世界經濟危機。
*5 德州：位於美國南部，面積第二大的州。

父親曾說，

開著T型車上路，偌大的德州似乎縮小了一半。

真是太感謝了！

請替我如此轉告你的父親。

* 咆哮的20年代：指西元1929年經濟大恐慌之前的美國西元1920年代。大量生產、大量消費使生活模式大幅轉變。

福特T型車改變了美國人的生活。

偏鄉農場的女性變得能輕鬆地出門購物，也能上學受教育，更容易融入社會。

空前的好景氣讓這個時代被稱為「咆哮的20年代*」，

福特T型車也成為美國的象徵。

10 第一次世界大戰與俄國大革命

深入理解漫畫內容

時代總結

❖ 本單元注意事項 ❖

1 各符號代表意義：🩸→世界遺產、💬→重要詞句、👤→重要人物、🏺→美術品、遺跡

2 重要詞句以粗體字標示，附解說的重要詞句以藍色粗體字標示。

3 同一語詞若出現在兩處以上，將依需要標注參考頁碼。參考頁碼指的是「時代總結」中的頁碼。例：(→ p. ○○)

4 年代皆為西元年。西元前有時僅標記為「前」。11 世紀以後的年代除了第一次出現外，有時會以末尾兩位數標示。

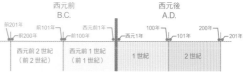

5 人物除了生卒年之外，若是王、皇帝或總統，會標記在位（在任）期間，標記方式為「在位或在任期間○○～○○」。

6 國家或地區名稱略語整理如下：

英：英國／法：法國／德：德國／義：義大利／西：西班牙／奧：奧地利／荷：荷蘭／普：普魯士

俄：俄羅斯／蘇：蘇聯／美：美利堅合眾國／加：加拿大／土：土耳其／澳：澳洲／印：印度／中：中國

韓：韓國（大韓民國）／朝：朝鮮／日：日本／歐：歐洲

年代	國際關係	美洲	歐洲		
1870 年		美國 · 拉丁美洲	英國	法國	德意志帝國
1880 年	1882 三國同盟				
1890 年	1889 第二國際 1891 法俄同盟	1889 第一次泛美會議		1887（～89） 布朗傑事件 1894 德雷福斯事件	
	1898 法紹達事件 1899 南非戰爭	1898 美西戰爭 1899 門戶開放宣言	1899（～1902） 南非戰爭	1899 租借廣洲灣	1898 租借膠州灣
1900 年	1905 第一次摩洛哥危機	1903 萊特兄弟發明飛機 1904 開始建造巴拿馬運河			1903 巴格達鐵路施工
1910 年	1911 第二次摩洛哥危機 1912 第一次巴爾幹戰爭 1913 第二次巴爾幹戰爭	1910 墨西哥革命			

▼ 萊特兄弟的飛行

©PPS 通信社

西元1903年，美國萊特兄弟在世界首次動力飛行成功後，飛機製造技術大幅躍進。

年代	國際關係	美洲	英國	法國	歐洲
			第一次世界大戰（1914～18）		
			1917 貝爾福宣言		1917 無限制潛艇戰
	1919 巴黎和會 1919 《凡爾賽條約》簽訂	1918 威爾遜的《十四點和平原則》 1919 實施禁酒令			1918 《布列斯特·立陶夫斯克條約》
1920 年	1920 國際聯盟成立 1921 華盛頓會議 1923 《洛桑條約》	1920 女性獲得參政權 1924 移民法成立	1922 愛爾蘭自由邦成立 1924 工黨內閣成立	1923（～25） 占領魯爾	德意志共和國 1919 制定《威瑪憲法》 1923 發行「地租馬克」 1925 《羅加諾公》
	1928 《非戰公約》 1929 世界經濟大恐慌	1929 華爾街股票崩盤			
1930 年					

2

▼ 伊朗立憲革命

©PPS 通信社

受到日俄戰爭的影響，伊朗民族意識逐漸高漲，由烏理瑪（學者）帶領立憲運動。

我羅斯帝國	鄂圖曼帝國	伊朗	印度帝國	東南亞	李朝	日本	清朝
			1885 印度國民會議組成		1882 壬午兵變		1884 中法戰爭
			1886 併吞緬甸		1884 甲申政變	1889 頒布《大日本帝國憲法》	
				1895 馬來聯邦成立	1894 甲午農民戰爭（東學黨之亂）	1894 中日戰爭	1894 中日戰爭
				1896 菲律賓革命			
				1898 美西戰爭	大韓帝國		1898 戊戌政變
							1900（～01）義和團事件
						1902 英日同盟	1901《辛丑條約》
1904（～05）日俄戰爭				1904 維新會組成		1904（～05）日俄戰爭	
1905 血腥星期日事件		1905 伊朗立憲革命	1905 頒布孟加拉分割令			1905《樸資茅斯條約》	1905 中國同盟會成立
		1907 伊朗憲法發布	1906 全印穆斯林聯盟組成				1908（～12）宣統帝即位
	1908 青年土耳其革命						
			1911 孟加拉分割令取消	1911 伊斯蘭聯盟組成	日韓合併（1910）		1911 辛亥革命
							中華民國
						1914 對德國宣戰	1912 中華民國成立
					日本向中國提出二十一條要求（1915）		
1917.3 俄羅斯二月革命						1918 出兵西伯利亞	
1917.11 俄羅斯十月革命						1919 三一獨立運動（朝鮮）	1919 五四運動
1919 第三國際創立		1919 阿富汗獨立					
1921 新經濟政策（NEP）	1922 土耳其革命						1921 中國共產黨成立
蘇聯							
1922 蘇維埃社會主義共和國聯邦成立	土耳其共和國		1923 尼泊爾獨立			1923 關東大地震	
	1923 土耳其共和國成立	1925 巴列維王朝建立				1925《治安維持法》	1925 五卅運動
							1926（～28）國民黨北伐
				1927 印尼國民黨組成			1927 四一二事件
1928 第一次五年計畫						1928 刺殺張作霖事件	

加拿大

美國

墨西哥

古巴

波多黎各

尼加拉瓜

巴拿馬

圭亞那

巴西

渥太華

樸資茅斯

華盛頓

英國

比利時

彼得

柏林

德國

法國

義大利

摩洛哥

的黎波里

法屬西非

賴比瑞亞

大西洋

開普敦

塞拉耶佛事件（1914）

©PPS 通信社

奧匈帝國的皇位繼承者法蘭茲・斐迪南大公與夫人在波士尼亞的塞拉耶佛被暗殺，成為引爆第一次世界大戰的導火線。（→p.14）

時代總結 歷史地圖

20 世紀初的世界

進入西元20世紀後，帝國主義列強漸漸分兩派，最後演變成第一次世界大戰。另一方面，亞洲興起反抗列強殖民地統治的民族運動。

俄羅斯二月革命（1917）

克倫斯基（西元1881～1970年）

克倫斯基在俄羅斯二月革命推翻沙皇後成為總理。列寧在之後的俄羅斯十月革命推翻克倫斯基的臨時政府，催生社會主義政權。（→p.18）

©PPS 通信社

莫斯科

斯坦堡
君士坦丁堡）

鄂圖曼帝國

巴格達

開羅

亞丁

招達

俄羅斯帝國

北京

海參崴

日本

東京

中華民國

青島

南京 上海

香港

印度帝國

加爾各答

孟買

馬德拉斯（清奈）

可倫坡

泰國

新加坡

日本併吞韓國（1910）

©PPS 通信社

安重根
（西元1879～1910年）

西元1909年，韓國人安重根暗殺日本派駐於韓國擔任韓國統監的伊藤博文，隔年日本便併吞韓國。（→p.10）

三蘭港
達累斯薩拉姆）

3C政策

造訪英國議會的
印度國民會議

©PPS 通信社

長期受英國統治的印度期盼獨立，訂出愛用國貨及其他三項綱領。（→p.11）

非聯邦

澳洲

紐西蘭

協約國陣營與海外領土
同盟國陣營與海外領土

5

德意志共和

愛爾蘭

利比

美國

墨西哥　　　古巴

巴拿馬　委內瑞拉

圭亞那

哥倫比亞

厄瓜多

祕魯

玻利維亞

巴西

多哥　喀麥隆
※法國託

大西洋

西南非
※南非聯邦託

智利

阿根廷

《羅加諾公約》（→p.27）

西元1925年10月於瑞士
羅加諾簽訂的條約，主旨
是為了保障西歐的安全。
以德國加入國際聯盟為條
件，制定萊茵蘭永久不得
武裝、維持現狀、互不侵
犯的原則。由德國外交大
臣施特雷澤曼簽訂。

©PPS 通信社

女性參政權的擴大（→p.27）

西元1918年，英國在第四次選舉法修訂案中承認成年男性的選舉權，以及三十歲以上女性的選舉權。同年十二月實施戰後首次全國選舉。

蒙古人民共和國

太平洋

利亞

※法國託管

伊朗

阿富汗

中華民國

日本

埃及

沙烏地
阿拉伯

尼泊爾

丹

印度

泰國

法屬
印度支那

菲律賓

※日本託管

衣索比亞

馬來聯邦

東非
（坦干伊加、法國託管）

印度洋

※澳洲託管

荷屬東印度

非聯邦

時代總結 歷史地圖

凡爾賽體制下的世界

第一次世界大戰後，歐洲建立了新國際秩序——凡爾賽體制。歐洲接受民族自決的概念，國際協調主義日益發展。不過，這項原理無法適用於信奉社會主義的蘇聯、戰敗的德國與殖民地。

■	西班牙領土	■	美國領土
■	義大利領土	□	荷蘭領土
■	丹麥領土	■	日本領土
■	比利時領土	■	英國領土
■	葡萄牙領土	▨	英國自治殖民地
■	法國領土	▦	主要託管地區

1 亞洲的改革與民族運動

列強入侵亞洲之後，各地興起近代化的改革。

清朝如何衰敗的？

1 列強的動向

中日戰爭後，俄羅斯、英國、法國、德國及其他列強，為了在中國的權利，紛紛以**租借**（租借國土的一部分）方式瓜分中國。美國落後一步，為此美國國務卿海約翰於西元1899年提出中國應該「**門戶開放**」，使列強擁有均等的機會，企圖藉此進入中國市場。

▼列強在中國的勢力圖（19世紀末）

列強勢力圖
- □ 英國
- 法國
- 德國
- 俄羅斯
- 日本
- ● 租借地

外蒙古　東清鐵路　哈爾濱　俄羅斯
內蒙古　長春　海參崴　南滿鐵路　奉天
北京　大連（1898俄）　大韓帝國
旅順（1905日）　威海衛（1898英）
膠州灣（1898德）　日本
清朝　南京　上海
成都　漢口　寧波
川漢鐵路　武昌　東海
昆明　福州　廈門　臺灣
粵漢鐵路　九龍（1898英）
廣州　香港
法屬印度支那　河內　廣州灣（1899法）　南海

2 清朝末年的改革

清朝因中日戰爭而深具危機感，企圖進行近代化制度的相關改革（變法），其中最為活躍的是**康有為**等人，不過這場變法卻因為慈禧太后和保守派阻礙，改革因此失敗（戊戌政變）。

3 清朝的崩壞

清朝末年，百姓反彈聲浪越來越大，各地興起反基督教運動，具有傳統宗教色彩的武術集團**義和團**[*1]破壞各地的教會和鐵路，清朝保守派也利用義和團向各國宣戰，此舉導致

用語解說

📖 **變法**

指改革中國王朝傳統政治制度。康有為企圖透過改革，讓中國成為近代化國家。

8

列強聯手出兵占領北京。西元1901年，清朝被迫簽訂**《辛丑條約》**，或稱**《北京議定書》**，允許外國軍隊有權駐留中國境內。清朝雖對外宣稱將設立國會與推動其他近代化改革，但民眾因為必須增稅而反對。

在如此動盪不安的時代下，孫文🧑於西元1905年創立**中國同盟會**。西元1911年，武昌（湖北省）革命派起義，引爆**辛亥革命**，蔓延全國，隔年即宣布成立**中華民國**。清朝雖然命令袁世凱🧑鎮壓，但袁世凱陣前倒戈，西元1912年迫使宣統帝（溥儀）🧑退位，自行就任臨時大總統。

日本如何一步步侵略亞洲？

❶ 日俄戰爭

西元1897年，朝鮮雖然改制為大韓帝國（韓國），俄羅斯與日本仍覬覦朝鮮。因

▼日本海海戰實況插畫　　與俄羅斯作戰的日本聯合艦隊。

提供：紀念艦「三笠」

🧑 **康有為**
（西元 1858 ～ 1927 年）
清朝學者，向光緒帝提議變法而任職為官，卻因保守派政變而失敗。

🧑 **慈禧太后**
（西元 1835 ～ 1908 年）
又稱西太后。光緒帝的叔母（及阿姨），於同治帝時代攝政而掌握政治實權，在義和團事件後推動變法。

*1 具有宗教色彩的祕密社團，以「扶清滅洋」（意思是匡扶清朝，消滅外國人）為口號。

🧑 **孫文**
（西元 1866 ～ 1925 年）

©PPS 通信社

中國革命家。西元1894年於夏威夷首創興中會，開始革命運動。提倡包括民族主義、民權主義、民生主義的三民主義。

🧑 **袁世凱**
（西元 1859 ～ 1916 年）
中國軍人、政治家。曾鎮壓變法，在辛亥革命時成為總理大臣，西元1913年成為大總統，推行帝制的獨裁政治。

🧑 **宣統帝（溥儀）**
（西元 1906 ～ 67 年）
清朝最後一位皇帝。西元1912年退位後，受日本利用，西元1934年成為滿州國皇帝。

義和團事件向中國出兵的俄羅斯，占領中國東北地區（滿州）後，感到威脅的英國便在西元1902年組成英日同盟[1]，接受美國的支援，與俄羅斯分庭抗禮。在這樣的背景下，**日俄戰爭**於西元1904年爆發。雖然要塞旅順的攻防戰、奉天會戰、日本海海戰都是日本獲得勝利，但是，日本沒有足以支撐長期戰爭的經濟力，俄羅斯境內也掀起革命運動[2]，所以在美國總統西奧多·羅斯福[3]調停下，雙方共同簽訂了《樸資茅斯條約》[4]，這使日本無法向俄羅斯索取賠款，導致國內民眾不滿情緒日益高漲。

亞洲各民族得知日本戰勝歐美強權的事實後，民族意識開始覺醒[5]，但此時的日本卻也施行帝國主義，開始侵略亞洲各地。

❷ 日本併吞韓國

日俄戰爭後，日本加速侵略亞洲，西元1905年根據《日韓協約》成立統監府[6]，將韓國納為保護國。**統監**指的是日本政府派遣代表常駐於漢城（首爾）。朝鮮方面則認為自己被殖民化，於是首任統監伊藤博文遭到安重根[7]暗殺（→p.39）。韓國民眾對於想推動實質統治的日本非常反彈，因此日本強力鎮壓，最後於西元1910年**併吞韓國**，設立了**朝鮮總督府**[8]。

西元1906年，日本在中國遼東半島的關東州（旅順、大連地區），設立南滿州鐵道株式會社[9]。

用語解說

⚠ 英日同盟

結盟目的在於和遠東的俄羅斯抗衡。英國因為南非戰爭無多餘兵力投入亞洲，為了阻止俄羅斯南下侵略而與日本聯手。

---

[2] 西元1905年1月，人民在聖彼得堡向沙皇請願，卻遭軍隊開炮攻擊的血腥星期日事件發生後，第一次俄羅斯革命旋即爆發。

[3] 西元1858～1919年，第二十六任美國總統（在任期間西元1901～09年）。推動國內政治改革，在外交上則以軍事力量推動帝國主義政策。

[4] 西元1905年，於美國樸資茅斯簽訂的談和條約。日本得到對韓國的監督權、遼東半島南部的租借權、東清鐵路長春以南的權利，以及庫頁島（樺太）南部領土權。

[5] 印度的提拉克（→p.11）、越南的潘佩珠（→p.12）均是受到日本戰勝的刺激，企圖擺脫殖民地的統治而獨立。

[6] 管理韓國外交與監督韓國內政的政府機關，可指揮韓國守備軍。

[7] 西元1879～1910年。加入反抗日本干涉的義兵組織，在哈爾濱車站暗殺伊藤博文。

[8] 位於京城（現今首爾），統治朝鮮的政府機關。總督從日本海陸空將軍選出。

[9] 中日戰爭後，俄羅斯在中國東北地區建設了東清鐵路（與西伯利亞鐵路連接），南滿州鐵道株式會社則負責經營東清鐵路哈爾濱分線，從長春至大連的支線。

印度與土耳其的民族運動如何發展？

1 印度的民族運動

西元1877年成立的印度帝國，由維多利亞女王擔任女皇，英國政府直接統治。西元1885年，成立了傾聽印度人聲音的**印度國民會議**[*10]。不過，隨著民族運動日漸興起，英國為了使印度教徒和穆斯林反目，故意在西元1905年頒布將孟加拉州分成東西兩邊的**孟加拉分割令**。隔年，在加爾各答召開的印度國民會議加爾各答大會中，反對分割的提拉克及其他激進派黨員掌控了主導權，透過**愛用國貨**、**爭取自治權**、杯葛英國貨、提倡民族教育四項綱領，發動脫離英國統治的獨立運動。穆斯林在英國影響下，於西元1906年成立親英派的**全印穆斯林聯盟**。英國方面則企圖透過撤回分割令，將首都從加爾各答移至德里來平息民族運動。

2 青年土耳其革命與伊朗立憲革命

鄂圖曼帝國方面，西元1878年阿卜杜勒哈米德二世廢止憲法，利用泛伊斯蘭主義[1]施行專制政治。反對廢止憲法的青年知識分子與軍官（**青年土耳其黨人**）逼迫政府在西元1908年恢復憲法；西元1913年透過政變取得政權（**青年土耳其革命**[*11]）。後來，土耳其的政治變得不穩定，民族運動益發興盛。

伊朗方面，民族意識逐步高漲，開

[*10] 由律師、公務員等印度菁英階級召開的會議。一開始是很溫和的組織，之後演變成企圖脫離英國而獨立的組織。提拉克為激進派的領導人。

👤 提拉克（西元 1856 ～ 1920 年）

©PPS 通信社

印度民族運動領導人，因批評英國統治殖民地的方式而入獄。

[*11] 指從馬其頓地區塞薩洛尼基開始的革命。西元1908年，年輕軍官們在沒有任何暴力衝突下恢復憲法，所以又稱為「無血革命」，之後於各地舉辦慶祝典禮。

用語解說

⚠️ 泛伊斯蘭主義

由伊朗出生的阿富汗尼（西元1838～97年）提出的主張，內容希望穆斯林能團結一致，對抗歐洲列強的殖民地主義。

▼「青年土耳其黨人」的遊行　　©PPS 通信社

始抵制來自英國的菸草，西元1906年之後召開國民議會，頒布憲法（**伊朗立憲革命**[12]）。

東南亞獨立運動的結果如何？

① 印尼

在荷屬殖民地印尼，不斷培育印尼人官員，計畫讓基督教普及，將權力還給當地人。西元1911年組成的**伊斯蘭聯盟**[13]成為民族運動的核心組織。

② 菲律賓

▼荷西・黎剎像

©PPS 通信社

以受過高等教育的人民為核心的民族運動漸漸普及。批評西班牙殖民統治的荷西・黎剎於西元1896發動菲律賓革命。這場革命雖被西班牙軍隊鎮壓，但西元1898年美西戰爭爆發後，革命軍就在西元1899年趁機宣布菲律賓共和國獨立，由阿奎納多擔任總統。不過，打敗西班牙、占領菲律賓的美國不承認菲律賓共和國獨立，所以又爆發了美菲戰爭。西元1902年，鎮壓菲律賓的美國正式施行統治。

③ 越南

曾是法國殖民地的越南，於西元1904年由潘佩珠創立了以獨立為目標的維新會[14]，仿效在日俄戰爭中勝利、急速現代化的日本的改革運動（**東遊運動**）興起。西元1912年，潘佩珠創立越南光復會[15]，帶頭發起民族運動。

[12] 為了對抗延續一百年以上的土耳其裔卡扎爾王朝（見第9卷），民眾在西元1905年發起政治鬥爭。國民議會在西元1911年英國和俄羅斯干涉解散前，持續活動著。

[13] 印尼第一個大眾化的民族組織。從爪哇商人開始互助後，鼓吹穆斯林彼此團結發展成民族運動，最後仍被殖民地政府鎮壓。

👤 荷西・黎剎
（西元 1861 ~ 96 年）
菲律賓民族運動人士，在西班牙大學留學時，曾批評西班牙對於殖民地的統治。主張和平獨立。

👤 阿奎納多
（西元 1869 ~ 1964 年）

©PPS 通信社

菲律賓革命領導人。曾經流亡至香港，後於美西戰爭時回國，成為菲律賓共和國的總統。

👤 潘佩珠
（西元 1867 ~ 1940 年）
越南民族運動的領導人。西元1905年前往日本發起東遊運動後，遭日本政府驅離。

[14] 以越南阮朝皇室為核心，主張擺脫法國統治而獨立的祕密社團，企圖仿效日本，樹立立憲制度。後來，因為西元1907年的《日法協約》，日本在法國要求下取締東遊運動。

[15] 西元1912年逃到中國廣東的潘佩珠，在中國國民黨協助下組織了越南光復會，但仍遭到法國殖民地當局的鎮壓。

2 第一次世界大戰

因三國同盟與三國協約對立而產生的戰爭，在捲入許多國家後，演變成世界大戰。

為什麼會爆發第一次世界大戰？

1 同盟國與協約國的對立

西元20世紀初，**三國同盟**[*1]與**三國協約**[*2]在歐洲形成對立，協約國非常反對德國向外侵略的舉動。

由多種民族組成國家的奧地利，擔心國內斯拉夫民族因**泛斯拉夫主義**[*3]而要求獨立，於是將波士尼亞與赫塞哥維納合併；企圖趁機擴張勢力的俄羅斯，在西元1912年協助塞爾維亞與保加利亞等四國組成**巴爾幹聯盟**[*4]，聯盟向鄂圖曼帝國宣戰後獲得勝利（**第一次巴爾幹戰爭**[*5]），但隔年為了領土分配，聯盟內部爆發**第二次巴爾幹戰爭**[*6]。列強的利害關係與巴爾幹諸國複雜的勢力範圍糾結不清，導致巴爾幹半島形成一觸即發的局面，被稱為「歐洲火藥庫🔑」。

▼三國同盟與三國協約的對立

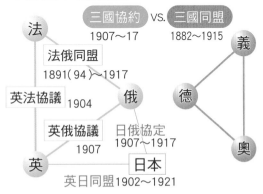

三國協約 1907～17 VS. 三國同盟 1882～1915

法俄同盟 1891(94)～1917

英法協議 1904

英俄協議 1907

日俄協定 1907～1917

英日同盟1902～1921

法 俄 英 日本 義 德 奧

[*1] 為了對抗法國與準備侵略非洲，從西元1882年開始的軍事聯盟，參與國家包括德國、奧地利、義大利。義大利在西元1915年後脫離三國同盟。

[*2] 從法俄同盟、英俄協議，以及英法協議發展而成的英、法、俄軍事結盟，與三國同盟對立。

[*3] 西元19世紀後半，在鄂圖曼帝國統治的巴爾幹半島，提倡統一斯拉夫語系民族與聯繫彼此的思想。

[*4] 參加國包括塞爾維亞、保加利亞、蒙特內哥羅、希臘。目的是為了對抗奧地利，以及將鄂圖曼帝國趕出巴爾幹半島。

[*5] 西元1912～13年，趁著義土戰爭如火如荼進行之際，巴爾幹聯盟趁機向鄂圖曼帝國宣戰的戰爭。戰敗的鄂圖曼帝國失去了大半的巴爾幹半島。

[*6] 西元1913年，保加利亞與其他同盟國之間的戰爭。羅馬尼亞與鄂圖曼帝國加入同盟國陣營，戰敗的保加利亞失去馬其頓，於是向德國和奧地利靠攏。

用語解說

📖 歐洲火藥庫

指西元20世紀初，巴爾幹半島上不安定的政治狀態。由於鄂圖曼帝國逐漸衰弱，泛日耳曼主義的奧地利與利用泛斯拉夫主義的俄羅斯對立，形成隨時可能引爆戰爭的局面。

② 第一次世界大戰的開端

西元1914年6月，奧匈帝國皇位繼承人法蘭茲·斐迪南大公與夫人在波士尼亞的**塞拉耶佛**被塞爾維亞人暗殺，奧地利於是對塞爾維亞宣戰。德國支持奧地利，俄羅斯支持塞爾維亞。具有同盟或協約關係的列強參戰後，**第一次世界大戰**[7]就此揭開序幕。

[7] 西元1914～18年爆發的戰爭，為法、英、俄等協約國（共二十七國）與德奧等同盟國（共四國）之間的世界大戰。鄂圖曼帝國與保加利亞加入同盟國陣營，日本則加入協約國陣營。

▼第一次世界大戰時的歐洲

第一次世界大戰如何畫下句點？

① 總體戰的戰時外交

德國夾在俄羅斯和法國之間作戰，東西兩邊的戰線未能頭尾相連，戰爭因此變得漫長。**飛機、戰車**和**毒氣**[8]等新武器的使用造成大量犧牲者。無法補充物資的德國透過潛水艇對船隻進行無限制攻擊（**無限制潛艇戰**[9]）

[8] 現今國際公約禁止使用的化學武器與毒氣。科學發達的德國開發了各式各樣的毒氣用於戰場。為了防範毒氣，防毒面具變得普及。

[9] 德國為了封鎖英國的貿易路線，宣布只要船隻偏離指定路線一律攻擊。載有許多美國乘客的露西塔尼亞號被擊沉後，美國便宣布參戰。

在第一次世界大戰過程中，許多物資和勞力都優先投入戰場。兵工廠裡有許多女性努力生產武器，糧食也採取配給制度來分配，形成傾全國之力的**總體戰**（→ p.16），另一方面，同盟國陣營和協約國陣營與中立國簽訂**祕密條約**（→p.16），希望將中立國拉入己方陣營。

2 德國革命

德國在軍事方面並無突破，國內糧荒及各種問題日趨嚴重，但因為俄羅斯在西元1917年遭逢革命，退出戰局，使德國情勢稍見好轉。然而，在戰況持續惡化的西元1918年11月，明知即將戰敗卻還是接到攻擊命令的海軍在基爾軍港叛變，德意志帝國皇帝威廉二世不得已逃至荷蘭，**德意志共和國**因此成立，這就是**德國革命**[*10]。11月11日，德國與協約國簽訂停戰協議，戰爭總算落幕。

3 第一次世界大戰的結果

在長達四年的世界大戰中，協約國與同盟國約投入六千五百萬名士兵於戰場，其中約有八百萬名士兵及六百六十萬平民遭受戰爭波及死亡。歐洲在戰火摧殘下幾乎成為荒土，美國順勢成為世界經濟中心。此外，女性越來越能參與社會性的活動，亞洲、非洲各國也變得更有機會獨立。

用語解說

總體戰
又稱為全面戰爭。除軍事力量外，同時投入經濟力、政治力、國民動員力，傾全國之力作戰的意思。

祕密條約
國與國之間透過祕密談判，而且不公開揭露談判內容，進而簽訂的條約。例如，西元1915年，協約國英、法、俄與義大利簽訂的《倫敦條約》，內容許諾義大利若加入協約國陣營，戰後可以得到奧匈帝國的南蒂羅爾、達爾馬提亞等地區；還有戰後瓜分鄂圖曼帝國，行使巴勒斯坦國聯託管地等的《賽克斯-皮科協定》。各國立場互相矛盾，通常都是無法履行的條約。

▼戰車與飛機

©PPS 通信社

英軍首次使用的戰車，以強力的馬達與履帶驅動。在飛機上的士兵以徒手方式向目標投擲炸彈。

[*10] 海軍起義後，勞工旋即呼應，起義因而遍地開花，皇帝退位，宣告改制為共和體制後，西元1919年威瑪共和國成立。

第一次世界大戰的祕密條約

©PPS 通信社

在第一次世界大戰中，除了同盟國與協約國自成陣營之外，為了將中立國拉入己方陣營，各國簽訂了許多戰後分配敵方領土與殖民地的祕密條約，這些祕密條約也是現今各國仍紛爭不斷的原因。

↑第一次世界大戰的戰況
為了避免被機關槍掃射，在壕溝中作戰的士兵。

©PPS 通信社

1 阿拉伯國家簽訂的《麥克馬洪 - 海珊協定》

西元1915年10月第一次世界大戰時期，想從鄂圖曼帝國獨立的阿拉伯人與英國人簽訂的祕密協定。內容提到，只要阿拉伯人起兵造反，英國將於戰後承認阿拉伯人占領的地區。身為埃及高級專員的英國人亨利·麥克馬洪，與管理聖地麥加的監護人海珊[1]以信件往來，彼此簽訂了這項協定，稱為《麥克馬洪-海珊協定》。

↑海珊

[1] 海珊·伊本·阿里，約西元1853～1931年。麥加監護人（在位期間西元1908～16年）。帶領阿拉伯脫離鄂圖曼帝國。

©PPS 通信社

2 阿拉伯的勞倫斯

基於《麥克馬洪-海珊協定》，海珊策動「阿拉伯的叛亂」，於西元1916年脫離鄂圖曼帝國，建立以阿拉伯人為主的漢志王國。西元1918年，海珊的兒子費薩爾[2]進一步占領大馬士革。領導這場阿拉伯叛亂的，是英國人湯瑪斯·愛德華·勞倫斯[3]。原本是考古學者的勞

↑費薩爾（左）與勞倫斯（右）

倫斯，因為具有中東地區的知識而成為英國軍事情報軍官，在阿拉伯半島率領阿拉伯人部隊，負責費薩爾軍隊與英軍的聯繫，被冠上「阿拉伯的勞倫斯」這個綽號。

[2] 西元1883～1933年。海珊·伊本·阿里的三子。西元1921年成為伊拉克的第一代國王。
[3] 西元1888～1935年。對鄂圖曼帝國展開游擊戰。

3 約定瓜分阿拉伯世界的《賽克斯-皮科協定》

　　西元1916年，英國、法國、俄羅斯簽訂了由三個國家瓜分鄂圖曼帝國領土的《賽克斯-皮科協定》，但這項協定卻與《麥克馬洪-海珊協定》互相矛盾。西元1917年，爆發革命的俄羅斯退出，使祕密協定曝光，之後鄂圖曼帝國的領土就由英國與法國託管。

©PPS 通信社

4 貝爾福宣言

　　西元1917年，英國外交大臣貝爾福向猶太裔巨賈羅斯柴爾德寫了一封援助猶太人建立國家的信件，最後這封信也公諸於世。這份宣言原本希望藉由支持建立猶太國家的錫安主義[4]，讓英國在巴勒斯坦地區對鄂圖曼帝國的戰爭朝有利方向發展，並藉此得到羅斯柴爾德家族的經濟支援，但卻與其他祕密條約有所衝突。

↑貝爾福
英國保守黨政治家，曾擔任首相（在任期間西元1902～05年）。

[4] 西元19世紀末，在歐洲興起的主義，主要希望在巴勒斯坦建立猶太人的國家。約西元前1000年大衛王在耶路撒冷建城，錫安便是位於耶路撒冷東南方的山丘。

5 英國的外交與現今巴勒斯坦的問題

　　英國一方面承諾建立阿拉伯人的國家，一方面又承諾要瓜分阿拉伯世界，建立猶太人的國家，因而演變成現今巴勒斯坦的問題。第二次世界大戰後，德國納粹大量虐殺猶太人的事實公諸於世，猶太人得到國際同情，希望能在巴勒斯坦建立自己的國家。受委託解決問題的聯合國裡，美國提議將巴勒斯坦分成猶太人居住區和阿拉伯人居住區。猶太人接受提議後，著手建立以色列這個國家，但巴勒斯坦卻無法接受，雙方便在西元1948年爆發了巴勒斯坦戰爭（第一次中

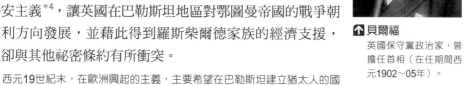

黎巴嫩　敘利亞
地中海　戈蘭高地
　　　　西岸地區
加薩走廊
　　　耶路撒冷
　　　　死海
以色列　約旦
埃及
■ 巴勒斯坦人居住地

↑巴勒斯坦地圖

東戰爭）。軍事力量占優勢的以色列獲得勝利，占領了阿拉伯人居住區，使許多巴勒斯坦人成為難民，直到現在仍是全世界的問題。西元1993年，雙方代表簽訂了《臨時自治安排原則宣言》，巴勒斯坦自治政府與以色列共存也得以確認，但直至今日，巴勒斯坦的紛爭仍未見平息。

3 俄國大革命

第一次世界大戰中，俄羅斯帝政在國民不滿而掀起的二月革命中瓦解。

俄國大革命是如何爆發的？

① 俄羅斯二月革命

隨著第一次世界大戰的戰線拉長，俄羅斯國民的生活逐漸陷入困境，糧食與燃料不足，導致西元1917年3月在首都**彼得格勒**（現今聖彼得堡）爆發了以「麵包與和平」為口號的民眾示威和罷工，無法收拾情勢的尼古拉二世退位，首都陷入無政府狀態，羅曼諾夫王朝也畫下句點。國會（杜馬）立憲民主黨的自由主義派議員成立了**臨時政府**，這場革命便是三月革命，由於俄羅斯的曆法是二月，所以又稱為**俄羅斯二月革命**。

此外，各地出現與臨時政府不同路線的蘇維埃①，使得政局落入雙重權力[*1]狀態，遲遲難以穩定。多數俄羅斯民眾反對繼續參戰，但臨時政府卻接受協約國的意見，持續參戰。

[*1] 以布爾喬亞（有資產的市民或富裕的地主等資產階級）為主軸的臨時政府雖然代表俄羅斯，但是由勞工和士兵組成的蘇維埃也成為革命核心。

▼俄羅斯二月革命的情況
©PPS 通信社

©PPS 通信社

▲最後的沙皇尼古拉二世與其家人
站在後排中央的是亞歷山德拉皇后，前排左邊第二個是尼古拉二世，前排右邊第二個是皇儲阿列克謝，其他還有四名女兒。

用語解說

① 蘇維埃

俄語為「會議」的意思。俄羅斯二月革命時，蘇維埃代替了由勞工和士兵組成的「評議會」，成為推動俄國大革命的力量。

❷ 列寧登場

西元1917年4月，反對戰爭的布爾什維克[1]領導人列寧▲從流亡地瑞士回到俄國。列寧向民眾提出進一步推動革命的方針「**四月提綱**[2]」，布爾什維克在蘇維埃內部的勢力因此擴張，但臨時政府卻鎮壓主張停戰的布爾什維克。受到勞工支持的社會革命黨克倫斯基▲在7月成為總理，仍執意繼續參戰，導致布爾什維克與臨時政府的對立日漸加深。

蘇維埃政權是如何成立的？

❶ 俄羅斯十月革命

西元1917年11月7日，列寧與托洛斯基▲率領武裝的布爾什維克勢力，推翻主張繼續戰爭的克倫斯基臨時政府。蘇維埃組成新政府之後，立刻在全俄羅斯蘇維埃代表大會宣布主旨為停戰、民族自決的《和平法令》，這場革命稱為**俄羅斯十月革命**[3]（十一月革命），全世界第一個社會主義國家就此成立。

❷ 蘇維埃政權的成立

在這個情勢下，西元1918年3月列寧與德國簽訂談和協議《**布列斯特-立陶夫斯克條約**》[4]。這項條約對軍事力量占優勢的德國較為有利。

用語解說

📖 布爾什維克

由列寧主導的激進派革命團體，即日後的俄羅斯共產黨。

[2] 內容包括對抗臨時政府、立即停戰、權力集中於蘇維埃的蘇維埃運動方針。此後，「一切權力歸蘇維埃」成為布爾什維克的口號，得到希望停戰的民眾廣大支持。

👤 列寧（西元1870～1924年）

©PPS 通信社

俄羅斯布爾什維克的領導人。主張國家權力應由臨時政府轉移到蘇維埃。

👤 克倫斯基（西元1881～1970年）
俄羅斯社會革命黨政治家。曾擔任臨時政府的總理，在俄羅斯十月革命後流亡。

👤 托洛斯基（西元1879～1940年）
俄羅斯革命家，與列寧一同率領俄羅斯十月革命。列寧過世後，與史達林鬥爭，但是最後不幸敗北。

[3] 由列寧指導，建立社會主義政權的革命。與推翻羅曼諾夫王朝的二月革命合稱「俄國大革命」。

[4] 這項條約讓俄羅斯失去大片土地。在德國與協約國簽訂停戰協議後，俄羅斯便廢棄這項條約。

列寧將布爾什維克改名為**俄羅斯共產黨**，定莫斯科為首都。共產黨將土地分給農民，把工業與貿易收歸國有。

為了達成社會主義革命，列寧認為先進國家也必須改革，在西元1919年創立了第三國際[山]（共產國際）。

革命之後，舊羅曼諾夫王朝的軍人與反對共產黨的勢力策動內戰，英國及其他協約國擔心內戰範圍擴大，於是發動**對蘇干涉戰爭**[*5]。蘇維埃政府組成**紅軍**[*6]，與反革命運動和進行干涉戰爭的敵國對抗，同時也組成專事鎮壓的特務組織「契卡」（全俄肅反委員會），取締反革命派分子。

蘇聯是如何成立的？

1 戰時共產主義與新經濟政策

俄國大革命成功後，國民生活仍然苦不堪言。由於糧食不足，所以從農村徵調穀物，分配給城市居民，這項制度成為戰時共產主義[山]。不過，因為經濟混亂及嚴重飢荒，造成對共產黨的不滿，農民暴動層出不窮。

因此，列寧採用資本主義的元素。從西元1921年開始，允許人民經營中小企業，銷售多餘的農產品，這些措施稱為新經濟政策（耐普）[山]。新經濟政策激發了國民的勞動意願。大約於西元1927年，俄羅斯的生產力就回復至第一次世界大戰前的水準。

用語解說

📖 第三國際

列寧創立各國共產主義政黨的組織。一開始以世界革命為目標，在西元1935年後，改以對抗法西斯主義為目標，最後於西元1943年解散。

[*5] 西元1918～22年，英國與法國簽訂祕約，支援反革命派及入侵俄羅斯。日本與美國則發動西伯利亞干涉。（→p.32）

[*6] 十月革命爆發時，由勞工和士兵組成的紅衛隊發展為蘇維埃政權軍隊。

▼呼籲加入紅軍的海報　　　©PPS通信社

用語解說

📖 戰時共產主義

西元1918年，俄國大革命之後開始實施，為了對抗反革命派與外國干涉，守護共產主義的緊急政策。強制生產農產品，將糧食分配給民眾。

❷ 蘇聯的成立

　　西元1922年，烏克蘭、白俄羅斯、外高加索加入俄羅斯，組成**蘇維埃社會主義共和國聯邦**（蘇聯）。西元1924年，蘇維埃社會主義共和國聯邦憲法公布。在此之前，德國、法國、英國已承認蘇聯，美國則是到西元1933年才承認。西元1934年，蘇聯得以加入國際聯盟。

用語解說

⑴ 新經濟政策（耐普）

耐普（NEP）是取英語「新經濟政策」每個字的第一個字母組成的字彙。蘇維埃政權從戰時共產主義轉換成局部採取市場經濟的政策，最終得到國際社會的認同。

⑴ 蘇維埃社會主義共和國聯邦憲法

制定蘇聯中央政府與各共和國關係，以及中央統治機構的憲法。施行至西元1936年史達林憲法制定為止。

▼蘇聯的成立

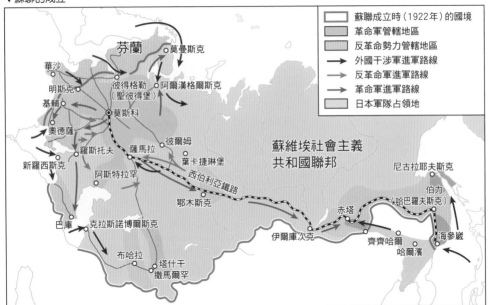

蘇聯如何建立社會主義？

❶ 列寧死後的權力鬥爭

　　西元1924年列寧辭世後，史達林與托洛斯基針對建立社會主義的方式展開權力鬥爭。

　　史達林認為擁有廣大國土的蘇聯，可以在一國之內建立社會主義（一國

社會主義論）；但托洛斯基認為，應該在全世界建立社會主義國家（世界革命論）。

這場鬥爭最終由史達林獲勝，托洛斯基被蘇聯放逐。之後，史達林陸續迫使政敵下臺，肅清繼續主張執行新經濟政策的右派，施行獨裁政治。

❷ 五年計畫

資本主義經濟是以自由競爭為基礎，而社會主義經濟則以計畫經濟❶為基礎。因此，史達林於西元1928年推行第一次五年計畫❶。

這項計畫取代了之前的新經濟政策，目標放在加速現代化重工業發展與農業集體化，使俄羅斯成功工業化。然而在農業方面，史達林不顧農民的反對聲浪，逕自設立**國營農場**[*7]和**集體農場**[*8]。雖然這些農業政策最終宣告失敗，但在西元1929年世界經濟大恐慌時，許多資本主義國家走投無路，唯獨社會主義國家的蘇聯得以持續發展。

👤 **史達林** ©PPS 通信社
（西元1879～1953年）

本名為朱加施維里，蘇聯共產黨最高領導人。列寧死後，提倡一國社會主義，將托洛斯基逐至國外。展開五年計畫後，使蘇聯進入工業化與農業集體化時代。

[*7] 在農地未被利用或開墾土地時組成的農場。農民成為給薪勞工，在這類農場裡工作。

[*8] 以土地、農具共享的方式擴大生產。

🔍 用語解說

❶ 計畫經濟

社會主義經濟將土地、資本、原物料、機械等生產手段收歸國有，由國家擬訂經濟計畫，促使經濟發展。

❶ 第一次五年計畫

重視重工業的工業化，以及農業集體化、機械化等，是蘇聯改革成為社會主義的綜合經濟政策。雖然得以持續推動工業化，但農村出現許多餓死的難民。

▼蘇聯與其他資本主義國家的工業生產趨勢　　　　　　　　　　節錄自國際聯盟《統計月報》

	美國	英國	德國	法國	義大利	日本	蘇聯
1928 年	93	94	99	92	92	90	79
1929 年	100	100	100	100	100	100	100
1930 年	81	92	86	100	92	95	131
1931 年	68	84	68	86	78	92	161
1932 年	54	84	53	72	67	98	183
1933 年	64	88	61	81	74	113	198
1934 年	66	99	80	75	80	128	238
1935 年	76	106	94	73	94	142	293

※以各國西元1929年的工業生產為基礎，來衡量各國本身在世界經濟大恐慌年代的經濟表現。蘇聯當時執行計畫經濟，不太受經濟大恐慌的影響，表現比其他資本主義國家更好，吸引許多西方知識分子的興趣。

4 凡爾賽體制與華盛頓體制

第一次世界大戰之後簽訂了《凡爾賽條約》，決定德國的賠款金額。

凡爾賽體制是什麼樣的制度？

❶ 威爾遜的《十四點和平原則》與巴黎和平會議

西元1918年結束的第一次世界大戰，使歐洲元氣大傷。飽經戰火摧殘的歐洲各國都渴望和平的到來。美國總統威爾遜▲在此時發表**《十四點和平原則》**[*1]，其中提到歐洲各國的民族自決與廢止祕密外交。西元1919年1月，**巴黎和平會議**[*2]根據《十四點和平原則》召開，邀請協約國代表參加。

▼巴黎和會的情景

©PPS 通信社

👤 威爾遜
（在任期間西元 1913～21 年）

©PPS 通信社

美國第二十八任總統，因設立國際聯盟獲得好評，也因此獲得諾貝爾和平獎。

[*1] 內容包括廢止祕密外交、尊重航海自由、裁減軍備、設立國際和平機構等和議原則。

[*2] 簡稱巴黎和會。協約國戰勝後，在巴黎召開的會議。除了英國、法國、美國、日本、義大利等主要國家之外，各國首腦也齊聚一堂。

🔍 **用語解說**

📖 民族自決
民族自行決定歸屬及政治體制。

❷《凡爾賽條約》

西元1919年6月，協約國與德國的議和條約於巴黎郊外的凡爾賽宮簽訂，這項條約因此稱為**《凡爾賽條約》**[3]。德國因為這項條約喪失所有海外殖民地，被迫支付巨額賠款。此外，身為同盟國一員的奧匈帝國則被迫解體。

舊鄂圖曼帝國方面，敘利亞交由法國託管，伊拉克、特蘭斯約旦王國（又稱外約旦王國）、巴勒斯坦交由英國託管。**伊本・紹德**[4]在英國援助下統治阿拉伯半島，建立沙烏地阿拉伯王國。東歐與巴爾幹半島的民族自決日益發展，捷克共和國、南斯拉夫、波蘭、波羅的海三小國（愛沙尼亞、拉脫維亞、立陶宛）的獨立均被承認。第一次世界大戰後，在巴黎和會中決議的新國際秩序稱為**凡爾賽體制**。

[3] 嚴格制裁第一次世界大戰的戰敗國德國是這項條約的特徵之一。但過於嚴苛，招致德國反彈，種下第二次世界大戰的火苗。

[4] 西元1932年成為沙烏地阿拉伯王國的第一代國王，在位期間西元1932～53年，統一阿拉伯半島絕大面積的土地。

▼參加巴黎和會的首腦

©PPS 通信社

左起為勞合・喬治（英）、奧蘭多（義）、克里孟梭（法）、威爾遜（美）。

戰敗國德國有什麼下場？

戰敗的德國因為西元1919年的《凡爾賽條約》陷入極度艱困的處境，協約國為了避免德國再次發動戰爭，提出相當嚴苛的條件。

德國喪失了所有殖民地，且須歸還阿爾薩斯-洛林地區給法國，被迫裁減軍備[5]。此外，西元1921年更被要求償還1320億金馬克（約66億美元）的**巨額賠款**[6]，這對德國而言是一筆非常沉重的負擔。

德國貨幣馬克的價值急遽下滑，嚴重的通貨膨脹使國民生活苦不堪言。西元1923年，德國藉由發行地租馬克[1]抑制通貨膨脹的問題（→p.29），美國也提議（道威斯計畫）延長賠款支付期限，德國才得以重振經濟。

為了維護國際和平創立了哪些機構？

威爾遜的《十四點和平原則》包括創立國際和平組織。《凡爾賽條約》通過後，設立了**國際聯盟**，但是德國和蘇聯卻被排除在外，美國也因為國內情況無法加入[7]。

國際聯盟是鑑於第一次世界大戰的悲慘，以及為了維持國際和平而成立的國際性組織，是世界首例。國際聯盟總部設在瑞士日內瓦，主要組織包括**全體大會**[8]、**理事會**[9]、**國際勞工組織（ILO）**[10]、**國際法庭**[11]。由於採用全體一致通過的表決方式，所以很難做出決議，除了能對侵略國家進行經濟制裁，沒有其他強制力，無法防堵日後的第二次世界大戰爆發。

華盛頓體制是什麼樣的制度？

① 華盛頓體制

基於日本侵略中國及社會主義國家蘇聯的出現，西元1921年召開了**華盛頓會議**。美國、英國、日本、中國等九個

用語解說

📖 地租馬克

德國為了遏止惡性通貨膨脹而發行的貨幣。一兆馬克可換得一地租馬克，需以不動產的收入作為擔保。

▼地租馬克

©PPS 通信社

[5] 德國被廢止徵兵制，陸軍兵力被規定上限，禁止擁有或開發戰車或潛水艇等武器。

[6] 賠款基本上以外幣支付，但有時會被要求以馬匹、牛隻、煤碳等實物支付。

[7] 美國議會反對威爾遜總統的提案，所以美國無法加入國際聯盟。

[8] 以加盟國全體一致通過為原則的國際聯盟最高機構。

[9] 國際聯盟的主要執行機關。最初的常任理事國為英國、法國、義大利和日本四個協約國家。直到西元1926年，德國才得以加入。

[10] 國際聯盟附屬機構。主旨在於保護勞工權益及協調勞工問題。

[11] 設立於荷蘭海牙的國際聯盟附屬機構。可以在當事國同意下裁定紛爭。

國家均派代表出席。會議中簽訂了尊重中國主權的《**九國公約**》[*12]，以及限制海軍主力艦噸位上限的《**五國關於限制海軍軍備條約**》[*13]。此外，希望維持太平洋各國現況的美國、英國、法國與日本簽訂了《**四國公約**》[*14]，英日同盟因此解散。

　　目的在打造亞洲、太平洋地區新國際秩序的這項機制，就稱為**華盛頓體制**。

[*12] 西元1922年簽訂的條約，制訂了領土完整、尊重獨立的原則。參加國包括美國、英國、法國、日本、中國、義大利、比利時、荷蘭和葡萄牙。

[*13] 決議內容包括十年內不得建造海軍主力艦，以及主力艦噸位比例。

▼《五國關於限制海軍軍備條約》規定各國主力艦噸位的比例

英國	5	法國	1.67
美國	5	義大利	1.67
日本	3		

[*14] 為了維持太平洋地區的現狀，以及透過共同會議處理紛爭，於西元1921年簽訂的條約。美國真正目的為瓦解英日同盟，因為英日同盟是中國開放門戶的絆腳石。

▼華盛頓會議

©PPS 通信社

② 國際協調的動向

第一次世界大戰後，各地立刻出現領土紛爭，為了反省這些紛爭，各國開始進行國際協調。西元1925年的 **《羅加諾公約》**[15] 規定，萊茵蘭永久不得武裝及維持德國國境現狀；西元1926年德國加入國際聯盟。

③ 《非戰公約》

西元1928年，在法國外交大臣白里安與美國國務卿凱洛格的提倡下，有十五個國家（日後增至六十三國）簽訂了以平息糾紛的方式避免戰爭的《非戰公約》[ ]，又稱為《凱洛格－白里安公約》。此外，西元1930年簽訂的 **《倫敦海軍條約》**[16] 也規定美國、英國與日本的巡洋艦噸位上限。

[15] 為了強化《凡爾賽條約》對萊茵蘭地區的非武裝規定，於瑞士羅加諾簽訂的條約統稱。這項公約讓德國回到國際社會體系中。參加國包含英國、法國、義大利、德國、波蘭、捷克、比利時。

[16] 背景是限制主力艦的噸位後，各國改成在巡洋艦的建造上一較高下。美國、英國、日本的比例為「10：10：7」，為此日本感到不滿，法國與義大利則未簽署條約。

用語解說

⚠ 《非戰公約》

美國與蘇聯也參加了《非戰公約》。這項條約是為了反省第一次世界大戰，但內容很不具體，因此無法防堵第二次世界大戰爆發。

第一次世界大戰後歐洲有什麼動向？

① 戰後的歐洲各國

西元1918年，英國進行了第四次選舉法修正，將選舉權範圍放寬至二十一歲以上男性與三十歲以上女性；西元1928年，第五次選舉法修正再次放寬至二十一歲以上男性和女性。戰後，工黨[17]繼保守黨之後成為第二大黨，西元1924年工黨黨魁 **麥克唐納**[18] 成為聯合內閣的首相。西元1922年，愛爾蘭除了北部的阿爾斯特地區（即現今北愛爾蘭）之外，成為 **愛爾蘭自由邦**。

[17] 英國工黨成立於西元1906年，希望透過議會改革社會。西元1920年代到現在，一直與保守黨互為英國的兩大政黨。

[18] 在任期間為西元1924、1929～31，以及1931～35年。第一次世界大戰後，首次以英國工黨內閣的身分，致力於改善與法國、德國的關係，並承認蘇聯的國際地位。

▼占領德國最大礦業地區魯爾的法軍

©PPS 通信社

另一方面，法國擔心德國再次成為強國而強索賠款，**普恩加萊右派內閣**以德國不支付賠款為由，強行**占領魯爾**[*19]。不過，此舉遭受國際批評，西元1924年左派聯盟取得政權，外交大臣白里安也在與德國和解上作出貢獻。

[*19] 西元1923年，法國與比利時以德國不支付賠款為由，強行以武力占領屬於萊茵蘭一部分的魯爾，德國則以罷工方式對抗。

[*20] 德國社會主義工黨，為西元1875年德意志社會民主黨在西元1890年改名之後的政黨。戰後雖然掌握了政權，卻遭希特勒嚴厲鎮壓。

② 戰後的德國與《威瑪憲法》

　　德意志社會民主黨[*20]在戰後陷入一片混亂的德國逐漸獲得力量。西元1919年的國民議會裡，社會民主黨黨魁艾伯特▲當選總統，制定了《威瑪憲法》[4]。威瑪憲法的正式名稱為「1919年8月11日的德意志國憲法」，其中保障男女的普通選舉權及勞動權，是一部具有民主色彩的憲法。

西元1923年，馬克的價值因為抵抗魯爾占領行動的罷工不斷下滑，總理**施特雷澤曼**平息了罷工，也發行了價值一兆馬克的新紙幣「地租馬克」，這個需要以不動產為擔保的新紙幣遏止了惡性的通貨膨脹（→p.25）。

美國為什麼能如此繁榮？

❶ 世界最大債權國

美國雖然參加了第一次世界大戰，卻鮮少受戰火波及，也因為提供英國、法國必要的物資而得到龐大利益，成為世界最大債權國[21]，紐約因此取代倫敦，成為國際金融中心。此外，美國在西元1920年通過**女性參政權**[22]，民主主義的基礎因此擴張。

❷ 美國經濟的繁榮

美國進入空前好景氣之後，城市裡四處興建摩天大樓[23]，電力也隨之普及，電話通訊網路跟著遍布，這種經濟發展甚至被譽為「永遠的繁榮」。不過，當歐洲從戰火摧殘中復甦，美國出口量便逐漸減少，西元1929年的世界經濟大恐慌[24]隨之到來。

用語解說

《威瑪憲法》

西元1919年8月制定的憲法，之後被希特勒廢止。這是世界第一部保障「生存權（社會權裡的生存權）」的憲法。

艾伯特（西元 1871～1925 年）

©PPS 通信社

威瑪共和國的首任總統，以社會民主黨魁的身分整合德國國內的意見。在遭受左右兩派夾攻後，德國國內變得不穩定。

[21] 借給外國的資金比向外國借來的資金還要多的意思。當時的美國持有全世界44%的黃金。

[22] 第一次世界大戰中，許多女性協助軍用品生產，讓女性在日後得到參政權。

[23] 為得到「世界第一高樓」稱號而建設了帝國大廈等摩天大樓。

[24] 過度生產與過度投資，導致西元1929年10月24日紐約股票市場崩盤（黑色星期四），倒閉的銀行與企業陸續出現，失業者激增，經濟陷入一片混亂，失速的不景氣瞬間席捲整個世界。

共和黨執政時代是怎樣的情況？

❶ 共和黨政權

西元1920年代的美國，共和黨總統連續三任當選。第二十九任總統哈定▲雖然倡導華盛頓會議，卻因為貪汙事件下臺；第三十任總統柯立芝▲採行自由放任經濟政策；第三十一任的胡佛（見第11卷）則在世界經濟大恐慌時，採取消極介入經濟的立場。

❷ 大量生產、大量消費的社會和文化

西元1920年代，汽車[25]（→p.36）與家電產品的普及，使美國轉型為大量生產、大量消費的社會，廣播、電影、體育等**流行文化**[26]隨之發達。

另一方面，強調白人社會價值觀的**禁酒令**[27]也通過（→p.40）。西元1924年，**移民法**[28]通過後，東歐裔與南歐裔的移民遭到限制。

👤 哈定（在任期間西元 1921 ～ 23 年）
美國第二十九任總統。提倡孤立主義外交，反對美國加入國際聯盟。

👤 柯立芝（在任期間西元 1923 ～ 29 年）
美國第三十任總統。西元1923年，哈定總統於任內過世，因此從副總統升任為總統。採行自由放任經濟政策。

[25] 亨利・福特採用流水線組裝方式進行大量生產後，大幅調降汽車售價，自用汽車的普及程度達到每三家就有兩輛車的數字。

[26] 卓別林的電影、路易・阿姆斯壯的爵士樂、貝比・魯斯的棒球，是當時流行文化的代表。

[27] 西元1919年通過，禁止酒類製造與銷售的法律，導致私釀、私售的風氣盛行，於西元1933年廢止。

[28] 最初的移民法於西元1875年制定。西元1924年的移民法限制每個國家的移民人數，而且特別禁止亞洲移民進入美國。

©PPS 通信社

貝比・魯斯（西元 1895 ～ 1948 年）▶
一年打出六十支全壘打的超級打者。

5 第一次世界大戰與亞洲

利用第一次世界大戰的機會，日本展開對中國與亞洲的優略。

日本的抬頭與亞洲動向

❶ 日本的抬頭

日本為了與企圖南下的俄羅斯對抗，西元1902年與英國聯手，組成**英日同盟**（→p.10）。西元1914年，英國對德國宣戰後，日本以英日同盟為藉口，趁機向德國宣戰。成為戰勝國的日本，根據《凡爾賽條約》占領德國租借的**青島**[*1]，以及原為德國領土的**南洋群島**[*2]局部地區。

❷ 二十一條要求

西元1915年，日本向中國**袁世凱**（→p.9）

▼第一次世界大戰後的日本

■ 日本領土
┆ ┆ 交由日本託管的領土
（舊德國南洋群島）

蘇聯

庫頁島
（樺太）

中華民國　朝鮮
日本
青島　小笠原群島
臺灣

馬里亞納群島
關島　馬紹爾群島
帛琉群島　加羅林群島

▼現今仍保有德式建築的青島

©PPS 通信社

[*1] 西元1898年，德國向中國租借了山東半島南部的港灣（膠州灣），在此建設了城市青島。之後於西元1922年的華盛頓會議還給中國。

[*2] 指馬里亞納群島、馬紹爾群島、加羅林群島等赤道以北的島嶼。因為《凡爾賽條約》成為由日本託管的領土。

政府提出**二十一條要求**[3]，主要內容包括繼承德國在山東半島的權利，以及允許中日合營事業。這一切都是為了強化日本對中國的影響力。

中國雖然拒絕，但是日本透過軍事施壓，迫使中國接受二十一條要求。

❸ 西伯利亞干涉

在漫長的第一次世界大戰之中，俄國大革命於西元1917年爆發。擔心社會主義革命蔓延至自己國家的協約國，發動了**對蘇干涉戰爭**（→p.20）。日本也於西元1918年進行**西伯利亞干涉**[4]。

第一次世界大戰結束後，協約國雖然撤軍，但日本卻以保護俄羅斯不受革命勢力顛覆為藉口，直到西元1922年才從西伯利亞撤退。

[3] 為了擴大在中國的權益，日本大隈重信內閣提出的要求。其中包括中國政府必須任用日本人的政治、經濟顧問，對中國而言是屈辱的要求。

[4] 西元1918～22年，耗費10億日元（以當時的幣值計算）的軍費，死亡人數超過三千人，最後仍以失敗告終。

亞洲的抗日運動與獨立運動如何展開？

❶ 中國的抗日運動

西元1919年巴黎和會中，中國要求取消二十一條要求，並歸還德國在山東半島的權利，但未能如願。日本繼承了德國的權利，占領南洋群島的事實也被承認後，抗日運動旋即於北京和中國各地爆發，這就是**五四運動**[5]，中國政府也不願簽署不利於己的《凡爾賽條約》。西元1925年，日本人在上海經營的紡織工廠發生罷工問題，罷工情況遍及中國全境，最後演變成反帝國主義的**五卅運動**[6]。

西元1921年，得到第三國際（→p.20）支援的**陳獨秀**[7]創立**中國共產黨**，另一方面，孫文（→p.9）希望將國民黨改造成近代化的政黨，因此接受共產黨員加入國民黨（**第一次**

[5] 西元1919年5月4日，北京大學的學生示威遊行遍及各地的運動。拒買日本商品的運動也遍及各地。

[6] 指西元1925年5月30日在上海爆發的抗日運動。工人在中國共產黨的指導下發動罷工。

[7] 西元1879～1942年。在上海發行《新青年》雜誌，擔任北京大學教授後，成為中國共產黨首任委員長。

[8] 西元1887～1975年。擔任孫文設立的陸軍軍官學校（黃埔軍校）校長後，握有軍事實權。第二次世界大戰結束，在與共產黨的內戰中戰敗，遂於臺灣建立中華民國政府。

▼在北京天安門廣場進行抗日運動的民眾

©PPS 通信社

國共合作）。西元1925年，國民黨在廣州成立國民政府，**蔣介石**[8]為了統一中國，率領國民革命軍展開北伐❹。接著，為鎮壓國民政府內部造成對立的共產黨員（**四一二事件**[9]），蔣介石再於南京設立國民政府，自行擔任主席。

　　此時，日本政府出兵山東省，日本關東軍[10]炸毀**張作霖**[11]搭乘的列車（**刺殺張作霖事件**，又稱皇姑屯事件[12]），企圖控制中國東北地區。得到美國和英國援助的蔣介石於西元1928年完成北伐，張作霖的長子**張學良**也表明支持國民政府。另一方面，率領中國共產黨

用 語 解 說

　北伐

指西元1926～28年，為統一中國而與北方軍閥展開的戰爭。

[9] 對共產黨有所警戒的蔣介石，得到同樣反共的上海財閥援助，屠殺許多共產黨黨員和勞工的事件。

[10] 守備關東州（遼東半島末端）與南滿鐵路的日本陸軍。

[11] 西元1875～1928年。東北的軍閥。得到日本援助後，於西元1927年掌握北京政府。

[12] 對北伐軍入侵有所準備的日本關東軍，雖然炸死直接統治中國東北地區的張作霖，卻使其子張學良投奔國民政府。

的**毛澤東**[13]則於農村奠定基礎，西元1931年，在江西省東南的瑞金，建立**中華蘇維埃共和國臨時政府**[14]。

❷ 其他亞洲各國的動向

西元1919年3月1日，在首爾爆發的「獨立萬歲」示威遊行遍及朝鮮全土，這就是所謂的「**三一獨立運動**」。日本以軍隊鎮壓，施行了**文化政治**[15]的同化政策。

印度方面，由於未能從英國獨立，甘地展開「**非暴力不合作運動**」爭取獨立；西元1929年，**尼赫魯**[16]與其他激進派分子主張完全獨立；西元1935年通過的**新印度統治法**，仍是英國持續統治印度的法律，內容並不完備。

印尼方面，西元1927年蘇卡諾創立**印尼國民黨**，西元1928年提出統一國家的宣言。**印度支那**方面，西元1930年，胡志明創立越南共產黨；緬甸（英文從Burma改成Myanmar）則於西元1920年代展開民族運動。

菲律賓方面，西元1934年，美國總統富蘭克林·羅斯福承諾菲律賓十年後獨立，隔年便建立了**自治政府**。**泰國**則於西元1932年施行君主立憲政治。

因為《色佛爾條約》失去阿拉伯地區的鄂圖曼帝國方面，軍人**穆斯塔法·凱末爾**[17]抵抗希臘入侵，建立了安卡拉政府，並與協約國簽訂新條約[18]，西元1923年成立**土耳其共和國**，推動近代化改

[13] 西元1893～1976年。中國共產黨領導人。西元1927在井崗山建立蘇維埃政權，在與中國國民黨的內戰獲勝後，西元1949年建立了中華人民共和國，成為第一任主席。

[14] 遭到蔣介石的國民政府軍攻擊，在西元1936年將根據地移轉至陝西省延安。

[15] 為平息民族運動而施行的懷柔政策，其中包括廢止憲兵警察制度，以及放寬對報紙、雜誌的管制。

👤 甘地（西元 1869～1948 年）

©PPS 通信社

被譽為「印度獨立之父」，以非暴力不合作為口號，得到民眾的支持。

[16] 西元1889～1964年。留學英國後，參加甘地的獨立運動。成為戰後印度共和國的第一任總理。

👤 蘇卡諾（西元 1901～70 年）

西元1928年創立印尼國民黨，兩次被捕入獄，西元1942年獲釋後，繼續從事獨立運動。第二次世界大戰後，在西元1945年成為印尼共和國首任總統。

👤 胡志明（西元 1890～1969 年）

被譽為「越南建國之父」。西元1945年成為越南民主共和國首任總統。

[17] 西元1881～1938年。鄂圖曼帝國的軍人。西元1920年，拒絕《色佛爾條約》，擊敗希臘軍隊收復領土。曾擔任土耳其共和國首任總統，被譽為「阿塔圖克（土耳其之父）」。

[18] 西元1923年的《洛桑條約》，內容包括收復安那托利亞地區的領土，協約國軍隊撤出伊斯坦堡，廢除不平等條約。

▼西元 20 世紀初的東南亞

革[19]（**土耳其革命**）。

埃及方面，受到瓦夫德黨的獨立運動影響，**埃及王國**於西元1922年成立。阿富汗與英國展開戰爭後，在西元1919年獨立，持續推動現代化改革。伊朗方面，掌握實權的**禮薩汗**[20]於西元1925年開創**巴列維王朝**，成為該王朝的國王，但英國仍握有石油的權利。**伊本·紹德**（→p.24）擊敗漢志王國後，統一了阿拉伯半島絕大部分地區，在西元1932年建立**沙烏地阿拉伯王國**。伊拉克於西元1932年獨立；約旦王國則於西元1946年獨立。

[19] 內容包括廢除哈里發制度、政教分離、女性參政權、停用阿拉伯文字，以及採用羅馬文字與太陽曆。

[20] 在位期間西元1925～41年。伊朗軍人。西元1921年發動政變，握有卡扎爾王朝的實權。

改變世界的便利交通工具
———汽車的歷史———

©PPS 通信社

西元1920年代，美國「永遠的繁榮」形成大量生產、大量消費的社會，而以福特為代表的汽車製造，可說是西元20世紀的象徵。接下來，就讓我們一起了解汽車的歷史。

↑亨利・福特

1 汽車問世

世界第一部汽車是以蒸汽機驅動的。距今約250年前，法國陸軍工程師庫諾為了載運軍隊大炮而發明了運炮車，據說當時的時速只有3公里。經過一百年之後，英國出現了電力驅動的四輪卡車；西元1899年，法國則出現時速約106公里的電動車。

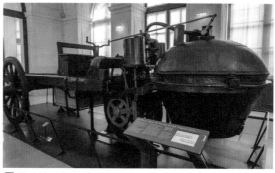

↑世界第一部汽車——由庫諾發明的運炮車（1769年）

©PPS 通信社

2 汽油式引擎的汽車問世

西元1876年，德國人尼古拉斯・奧圖發明了汽油式引擎。西元1885年，卡爾・賓士[1]以獨創技術開發了汽油式引擎的三輪車「賓士1號」。德國之所以能讓汽油式引擎付諸實用，據說是因為研究大型蒸汽機需要許多費用，且在上下水道建設不完整的德國，很難取得研究蒸汽機所需的水。

↑三輪車賓士1號（1885年）

©PPS 通信社

西元1889年，巴黎萬國博覽會場上展出了戴姆勒[*2]的四輪汽車。戴姆勒在奧圖的工廠完成汽油式引擎，西元1891年得到該引擎製造權的法國車商，將引擎放在車體前面，裝上充氣式的輪胎與圓形方向盤，完成了接近現代型態的汽車。

[*1] 西元1844～1929年。德國引擎設計師、汽車工程師。為汽車製造商賓士奠定基礎。

↑ 戴姆勒的四輪汽車（1891年）

[*2] 西元1834～1900年。德國機械工程師。西元1886年開發汽油式引擎的四輪汽車，西元1890年創立戴姆勒汽車公司。

3　福特 T 型車問世

西元1908年，美國境內開始銷售福特T型車。在歐洲車售價超過兩千美元、美國車售價一千美元的時代，福特T型車以八百五十美元的便宜價格及堅固車體搏得人氣。西元1914年，採用流水線組裝方式開始大量生產後，在美國人平均年收入六百美元的時代裡，福特T型車的售價居然調降至二百六十五美元。

直到西元1927年停止生產之前，福特T型車總共售出超過一千五百萬臺，創業者亨利・福特[*3]「讓農民都擁有汽車」的夢想總算實現。

[*3] 西元1863～1947年。西元1903年創立福特汽車公司，採用流水線生產方式，讓大量生產汽車不再是夢想。

↑ 福特T型車（1908年）

4 戰爭與汽車

德國的希特勒命令來自奧地利的斐迪南·保時捷[*4]設計國民車，最終成果就是被暱稱為「金龜車」的「福斯1型」。這款國民車後來發展為軍用的「水桶車」，此名來自路況不佳時也能固定乘坐人身體的桶型座椅。

西元1939年，德國侵略波蘭時曾派上用場。美國陸軍對這款車的性能大為驚艷，於是開發四輪驅動（動力會傳到所有車輪的驅動方式）的軍用車（日後的吉普車）來因應。

[*4] 西元1875～1951年。奧地利汽車工程師。在西元1900～30年代設計了多款汽車，同時從事風力發電機的開發。

↑水桶車　　　　　　　　　　　©PPS 通信社

5 戰後的日本汽車產業沿革

美國禁止日本生產自用車的禁令在西元1949年撤除後，西元1955年，日本通商產業省（現今經濟產業省）發表了「國民車構想」，重新投入國產自用車的生產。

平價、性能優異的日本車在國外廣受歡迎，出口量不斷攀升。在排氣量限制與油耗方面擁有優異技術的日本企業於各國推動在地生產，並以油電混合車（汽油引擎與電動馬達組成的汽車）在國外得到相當好評。

↑油電混合車　　　　　　　　　©PPS 通信社

伊藤博雅收藏

日本併吞韓國與對朝鮮的統治

在日俄戰爭中戰勝俄羅斯的日本，迫使俄羅斯承認日本於朝鮮半島的政治、軍事、經濟優先權，進一步展開對朝鮮半島的侵略。

1 設立韓國統監府

⬆ 伊藤博文（右）與
韓國皇儲

©PPS 通信社

西元1905年日俄戰爭結束，日本要求英國和美國承認將韓國納為保護國的事實。第二次《日韓協約》簽訂後，日本在漢城（現今首爾）設立統監府，管理韓國外交。第一任統監為伊藤博文。

為了抗議日本設立統監府，西元1907年，韓國皇帝高宗向在荷蘭海牙召開的萬國和平會議遣送密使（海牙密使事件[1]），只可惜各國不把韓國密使當一回事。日本迫使韓國軍隊解散後，韓國爆發了更激烈的抗議運動（義兵運動），日本增派軍隊予以鎮壓，但在鎮壓過程中，前統監伊藤博文於西元1909年在哈爾濱車站被暗殺。

⬆ 安重根
雖因暗殺伊藤博文被
判死刑，現今韓國則
歌誦為抗日英雄。

[1] 韓國因為被日本奪走外交權而派遣密使。伊藤博文迫使高宗退位，促使皇儲即位。

2 併吞韓國——殖民地時代開始

日本以伊藤博文被暗殺為藉口，強迫韓國接受《日韓合併條約》，在西元1910年將韓國納為殖民地（併吞韓國）。除了將漢城改名為京城，也設立了朝鮮總督府，陸軍大臣寺內正毅成為首任總督。自此之後，均由現役軍人擔任朝鮮總督。

總督府對於課稅基礎的土地進行測量，並確認地主身分。西元1912年併吞韓國前開始正式調查，西元1918年完成所有調查。根據這項調查結果，許多地主身分不明的土地都被沒收，或由官方賣給民間，被奪走土地的部分朝鮮農民為了尋求新工作而移居日本。大部分都在薪水極低的惡劣環境下工作，因民族歧視而苦不堪言。

3 三一獨立運動

西元1919年3月，韓國爆發了反對日本殖民的三一獨立運動。獨立宣言於京城內發表後，民眾為悼念前君王高宗參加了追悼會。此時民眾一邊高喊「獨立萬歲」，一邊進行示威遊行，日本則以武力徹底鎮壓這場遊行。西元1919年，李承晚[2]在上海建立大韓民國臨時政府，以此為據點展開朝鮮獨立運動。

[2] 韓國政治家。西元1919年在上海指導獨立運動。西元1948年第二次世界大戰後，在朝鮮半島南部的大韓民國被選為首任總統（在任期間西元1948～60年）。

美國實施禁酒令的
西元 1920 年代

©PPS 通信社

西元1920年代的美國十分強調傳統的白人社會價值觀，除了限制東歐移民人數，也禁止來自亞洲的移民。基於這個極為保守的時代背景通過的「禁酒令」，禁止酒的製造、銷售與運送。

↑倒入下水道的違法私釀酒

©PPS 通信社

1 禁酒令的通過

強烈推動禁酒令的是清教徒組成的禁酒黨[1]，他們認為，移民們大量飲酒有違基督教道德，加上他們想摧毀較多德裔美國人的啤酒業界，給予德裔市民重重一擊，於是西元1919年通過《禁酒法》。儘管《禁酒法》通過，全美負責取締的官員大約只有一千五百人。此外，《禁酒法》通過之前買的酒不會被取締，所以私釀酒與地下酒館的營業也浮上檯面。

↑禁酒黨全國大會（1892年）

©PPS 通信社

[1] 西元1869年，在芝加哥舉辦禁酒大會，禁酒黨便是在此時成立。

↑地下酒館　　　　被揭發的違法酒館。

2 黑幫的地下活動與廢止禁酒令

©PPS 通信社

實施禁酒令的時代也是黑幫[2]地下活動盛行的時代，芝加哥黑幫的艾爾・卡彭因為私釀酒與經營地下酒館獲得龐大財富，甚至號稱「地下市長」，除了收買議員之外，不斷與其他黑幫爭鬥。在這般的時代背景下，反對禁酒令

↑艾爾・卡彭

的輿論日益高漲，甚至成為西元1932年總統選舉的辯論話題，當選總統的富蘭克林・羅斯福遂於西元1933年廢止禁酒令。

[2] 指暴力犯罪集團。

國家圖書館出版品預行編目（CIP）資料

NEW全彩漫畫世界歷史・第10卷：第一次
世界大戰與俄國大革命／南房秀久原作；
近藤二郎監修；時任 奏漫畫；許郁文翻
譯. -- 初版. -- 新北市：小熊，2017.10
192面；15.5×22.8公分.
ISBN 978-986-95298-7-7（精裝）
1.世界史　2.文化史　3.漫畫
711　　　　　　　　　　　　106016925

全彩漫畫 NEW 世界 World History 歷史 ⟨10⟩

第一次世界大戰與俄國大革命

監修／近藤二郎　漫畫／時任 奏　原作／南房秀久　翻譯／許郁文　審訂／翁嘉聲

總編輯：鄭如瑤｜文字編輯：蔡凌雯｜顧問：余遠炫（歷史專欄作家）
美術編輯：莊芯媚｜印務經理：黃禮賢

社長：郭重興｜發行人兼出版總監：曾大福
業務平臺總經理：李雪麗｜業務平臺副總經理：李復民｜實體通路協理：林詩富
網路暨海外通路協理：張鑫峰｜特販通路協理：陳綺瑩
出版與發行：小熊出版・遠足文化事業股份有限公司
地址：231 新北市新店區民權路 108-2 號 9 樓
電話：02-22181417｜傳真：02-86671851｜客服專線：0800-221029
劃撥帳號：19504465｜戶名：遠足文化事業股份有限公司
E-mail：littlebear@bookrep.com.tw｜Facebook：小熊出版
讀書共和國出版集團客服信箱：service@bookrep.com.tw
讀書共和國出版集團網路書店：http://www.bookrep.com.tw
團體訂購請洽業務部：02-22181417 分機 1132、1520

法律顧問：華洋法律事務所／蘇文生律師
印製：凱林彩印股份有限公司
初版一刷：2017 年 10 月｜初版十七刷：2022 年 11 月
定價：450 元｜ISBN：978-986-95298-7-7

Gakken Manga NEW Sekai no Rekishi 10Kan
Daiichijisekaitaisen to Roshiakakumei
© Gakken Plus 2016
First published in Japan 2016 by Gakken Plus Co., Ltd., Tokyo
Traditional Chinese translation rights arranged with Gakken Plus Co., Ltd.
through Future View Technology Ltd.

小熊出版官方網頁　　小熊出版讀者回函

世界歷史 對照年表 ②

● 這是一個能讓讀者大致掌握世界歷史脈動及演變的年表。為了能淺顯易懂，在國家與時期部分做了省略整理，並非全部羅列。

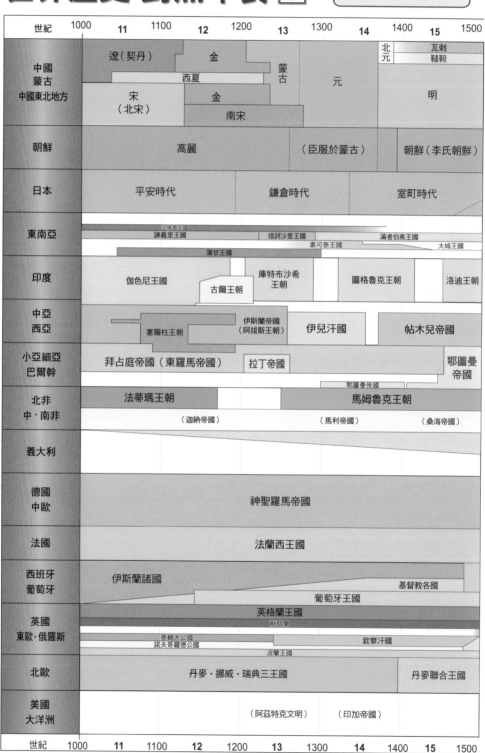

世紀	1000 / 11 / 1100 / 12 / 1200 / 13 / 1300 / 14 / 1400 / 15 / 1500
中國 蒙古 中國東北地方	遼（契丹）／金／蒙古／北元・瓦剌・韃靼／元／明／西夏／宋（北宋）／金／南宋
朝鮮	高麗／（臣服於蒙古）／朝鮮（李氏朝鮮）
日本	平安時代／鎌倉時代／室町時代
東南亞	高棉帝國／謙義里王國／信訶沙里王國／滿者伯夷王國／素可泰王國／大城王國／蒲甘王國
印度	伽色尼王國／古爾王朝／庫特布沙希王朝／圖格魯克王朝／洛迪王朝
中亞 西亞	塞爾柱王朝／伊斯蘭帝國（阿拔斯王朝）／伊兒汗國／帖木兒帝國
小亞細亞 巴爾幹	拜占庭帝國（東羅馬帝國）／拉丁帝國／鄂圖曼帝國／鄂圖曼帝國
北非 中・南非	法蒂瑪王朝／馬姆魯克王朝／（迦納帝國）／（馬利帝國）／（桑海帝國）
義大利	
德國 中歐	神聖羅馬帝國
法國	法蘭西王國
西班牙 葡萄牙	伊斯蘭諸國／基督教各國／葡萄牙王國
英國 東歐・俄羅斯	英格蘭王國／蘇格蘭／基輔大公國／諾夫哥羅德公國／欽察汗國／波蘭王國
北歐	丹麥・挪威・瑞典三王國／丹麥聯合王國
美國 大洋洲	（阿茲特克文明）／（印加帝國）
世紀	1000 / 11 / 1100 / 12 / 1200 / 13 / 1300 / 14 / 1400 / 15 / 1500